"清江源"现代烟草农业科技园区
循环经济实践与探索

黄树立　谭志平　编著

科 学 出 版 社

北　京

内 容 简 介

本书对山区农业科技园区开展循环经济建设的实践进行了详述，重点介绍了围绕烟叶产业开展的自主创新技术成果与循环农业模式，如烟草秸秆生物有机肥、土地整治及地力修复、精准施肥、新能源烘烤等。本书共分为绪论、循环载体建设、科技创新支撑、循环经济实践、可持续发展模式、循环经济效益和循环经济展望七篇。本书以实证研究为主，重点在于对循环农业模式实践的探索，大量引用"清江源"科技园区开展农业试验研究的结论，更加全面地论证了"清江源"模式的科学性，丰富了循环农业模式内容。

本书是一部有自己特色、体系新颖、基础理论和实践应用并重的循环农业建设实践专著，非常适合农学、经济学等相关专业人员及现代农业科技园区建设人员阅读，也可作为有关科研人员的参考用书。

图书在版编目(CIP)数据

"清江源"现代烟草农业科技园区循环经济实践与探索 / 黄树立，谭志平编著. --北京：科学出版社，2015

ISBN 978-7-03-043749-5

Ⅰ. ①清… Ⅱ. ①黄… ②谭… Ⅲ. ①烟草－经济作物－科学区－农业生态经济－研究－恩施土家族苗族自治州 Ⅳ. ①F326.12

中国版本图书馆 CIP 数据核字(2015)第 051482 号

责任编辑：魏如萍　马　跃 / 责任校对：吴美艳
责任印制：李　利 / 封面设计：无极书装

科学出版社 出版

北京东黄城根北街 16 号
邮政编码：100717
http://www.sciencep.com

北京通州皇家印刷厂 印刷

科学出版社发行　各地新华书店经销

*

2015 年 3 月第 一 版　开本：720×1000　1/16
2015 年 3 月第一次印刷　印张：12　彩插 5
字数：241 000

定价：**65.00 元**

（如有印装质量问题，我社负责调换）

序

　　烟叶是烟草行业发展的基础，也是我国农业的重要组成部分。当前，我国农业正处在传统农业向现代农业转变关键阶段，可持续发展成为现代农业发展的重要标志。2007 年，国家烟草专卖局提出按照"一基四化"目标（即烟叶生产基础设施建设；规模化种植、集约化经营、专业化分工、信息化管理）推进现代烟草农业发展的要求。七年多来，湖北省现代烟草农业建设水平大幅提高，在设施化水平、品牌打造、科技创新以及种植服务主体培育等各个方面取得长足进步。目前，烟叶产业已成为湖北省烟农脱贫致富的主导产业、全省现代农业的发展样板、新农村建设的突出亮点。与此同时，我们始终坚持用可持续发展的理念思考、谋划与实践现代烟草农业发展，围绕烟叶生产安全、资源高效利用和环境友好三大主题开展现代烟草农业建设工作，不断创新循环农业模式，推进循环农业体系建设，烟区形成了"低碳烟草、循环经济、清洁农业"的新面貌。

　　关于烟叶可持续发展问题，全省烟叶产区开展了大量研究与实践工作。恩施州烟草专卖局（公司）充分发挥"清江源"现代烟草农业科技园区平台作用，以其为试点和突破口，利用其聚集、产业、政策以及地域等优势，大胆探索，创新发展，走出了一条山区现代烟草农业的可持续发展模式和山区脱贫致富之路，重新诠释了以现代农业和科技园区引领农村社会、经济发展的内涵。"清江源"现代烟草农业科技园区可持续发展是以科技创新引领现代农业为基本理念，以经济、社会和生态效益全面提高为目标，以"科技带动、产业带动、经营带动"为核心动力，正确处理园区经济发展与生态保护、资源开发与资源节约、社会公益与企业盈利等方面关系，着力发展以精准农业和循环农业为核心的生态、有机、休闲农业，建立起以烟草为主，辅助特色种养业、休闲观光农业等绿色产业集群，探索出一条科技引领现代农业发展、产业开发带动农民持续增收以及园区建设带动区域脱贫致富的成功模式。

循环经济是生态保护型经济，是全球经济发展的新趋势，是实践可持续发展理念的一种新的经济发展模式。如何将循环经济发展战略、发展理念应用于现代烟草农业领域，在生产过程中减少资源与物质的投入，减少废弃物的产生及其对环境的影响，实现农业经济和生态效益的双赢，已成为现代烟草农业可持续发展的必然选择。"清江源"现代烟草农业科技园区依托行业一流的烟叶生产技术中心，借力国内外知名科研机构，不断加强循环型农业核心技术的研发力度，攻克循环农业中技术难题和节点问题，实践与探索了多种循环农业模式，构建了循环型农业体系，实现了园区资源利用节约化、生产过程清洁化、产业链接循环化、废物处理资源化。烟草秸秆生物有机肥、土地整治及地力修复、土壤酸化治理、精准施肥等一批具有自主知识产权的循环型技术成果不仅在园区孵化，而且在恩施全州大面积烟叶生产上应用推广，有力地保护了烟区生态环境，全面改善了烟叶发展质态，其意义已超出烟草行业本身，对其他农业领域可持续发展都具有有益的借鉴和启示。湖北省委书记李鸿忠同志在考察"清江源"现代烟草农业科技园区建设后指出，科技园区环境优美、生态和谐，达到了"天人合一"；湖北烟草、恩施烟草打造了一个引领企业发展的很好品牌——"清江源"优质烟叶品牌；建设了一个理念先进、环境和谐的科技基地——"清江源"现代烟草农业科技园区；创建了一个支撑产业发展进步的科技创新体系，特别是烟草秸秆生物肥是一种很好的循环利用模式，既节约资源，又保护环境。

在未来发展中，"清江源"现代烟草农业科技园区要围绕"科研、示范、辐射、机制、效益"十字方针，继续坚持"生态立园"的根本宗旨，坚持"科技带动、产业带动、经营带动"的"三带动"发展思路，充分发挥"研发、转化、展示""三个平台"的作用，进一步加大科研和技术示范力度，不断创新循环农业模式和完善循环农业体系，实现科学发展、跨越式发展，引领山区现代烟草农业的可持续发展。

湖北省烟草专卖局（公司）党组书记、局长、总经理

2014 年 12 月

目 录

第一篇 绪 论

第 1 章

导　言

　　国家《"十二五"循环经济发展规划》指出，发展循环经济是我国经济社会发展的重大战略任务，是推进生态文明建设、实现可持续发展的重要途径和基本方式。其中主要任务之一就是要构建循环型农业体系，在农业领域推动资源利用节约化、生产过程清洁化、产业链接循环化、废物处理资源化，形成农林牧渔多业共生的循环型农业生产方式，改善农村生态环境，提高农业综合效益。

　　农业科技园区是科技创新与现代农业的结合点，也是农业现代化建设的重要生长点，更是农业科技与农村经济紧密结合的切入点。经过"十五"和"十一五"时期的建设和发展，农业科技园区已成为我国农业技术组装集成、科技成果转化和现代农业生产示范的主要载体，为我国农业科技推广、产业孵化、农民增收以及推动我国农业与农村发展做出了重大贡献。在当前全球非常注重经济社会可持续发展的新形势下，以农业科技园区为试点和突破口，充分发挥其聚集、产业、政策以及地域等优势，运用循环经济理念思考、谋划、实践其建设与发展，既是发达国家发展循环经济的重要经验，也是我国发展循环经济的现实选择。同时，这对保护园区自身生态环境、改进发展质态、实现产业化生态转型等都有积极意义。

　　2008 年，在素有"鄂西林海""世界硒都"美誉的湖北恩施土家族苗族自治州（简称恩施州），恩施州烟草专卖局(公司)在国家烟草专卖局、湖北省烟草专卖局(公司)及湖北省、恩施州政府的正确领导和大力支持下，在距恩施市城区近10 千米的望城村、茅坝槽村，创建了湖北恩施"清江源"现代烟草农业科技园区（简称"清江源"科技园区）。"清江源"科技园区用不到 5 年时间，创建了一个国内一流的现代烟草农业科技园区，打造了一个响亮的"清江源"特色优质烟叶品牌，走出了一条生态文明、技术先进、功能齐全、城乡一体的可持续发展之路。回顾多年来的发展历程,坚持循环农业理念、探索循环农业模式、推行循环农业措施是园区生产方式先进、生态环境良好、综合效益显著的根本保证。敢为人先的循环农业理念、勇于创新的循环农业模式以及不断积累的循环农业经验等均是园区建设历程中的一笔宝贵财富。"清江源"科技园区在循环经济理念指导下所进行的节能减排、节约资源、土地治理、有机烟叶生产、环境保护方面的工作已取得了巨大的成就。同时,科技园区经济、社会面貌有了极大改观,从原来落后、偏僻的山区一跃成为经济社会快速发展、基础设施齐全的现代化科技园。"清江源"现代烟草农业科技园区发展模式也成为现代烟草农业建设与发展的一种先进模式,走在全国同行的前列。

1.1 背景分析

1.1.1 发展农业循环经济是现代农业可持续发展的必然选择

经过几十年的努力发展,我国农业已经基本满足社会的衣食需求,为中国三十多年来的改革开放奠定了基础。但传统的发展方式也存在着严重的问题:一是资源短缺,2010 年我国人均耕地面积、森林面积和水资源量仅占世界平均水平的 30%、12%、25%,同时在资源利用方面浪费严重,导致生产成本上升、能源消耗加速。二是生态环境破坏严重,我国占国土面积 2/3 以上的地区是农林、农牧生态脆弱区,滥砍滥伐和过度放牧导致严重的生态破坏。三是粗放的农业生产方式导致环境恶化,以不合理使用肥料、农药为主,造成肥料遗毒、农药残留等环境污染问题。传统的发展方式已不适应现代农业的发展需求,难以实现我国农业的可持续发展。

循环经济是物质闭环流动型经济的简称,以充分和循环利用资源为目的,以"减量化、再利用、循环化"为原则,以物质闭环流动和能源梯次使用为特征,遵循生态系统中物质的"资源→产品→再生资源"的循环发展模式。应用循环经济理论与产业链条延伸理念,重点要在"节约、保护、利用、拓展"四个环节上下功夫,实现农业由资源单向式利用向循环式梯级利用、集约高耗型向节约高效型转变,拓展和延伸农业产业链条,推进农业生产绿色化、农村废弃物资源化。

农业循环经济是按照生态学规律来合理利用自然资源和环境容量,是对传统经济增长方式——"大量生产、大量消费、大量废弃"的根本变革。传统农业经济仅仅采用最单向的"资源—产品—废物"流动模式,缺少变废为宝的环节,而循环经济很好地弥补了这一缺点,形成了一个新的"资源—产品—资源"的循环利用模式。在这个过程中，所有的资源和能源均会得到合理和持久的利用，最大限度地提高资源的配置效率，把经济活动对自然环境的负面影响降到最低。

由此可见，发展农业循环经济是实现现代农业可持续发展的必然选择，是解决"三农"问题的可行办法，是整个社会实现大循环的重要环节，也是解决我国资源短缺、环境污染问题的有效途径。循环经济的理论研究和具体实践在全球范围内还处于不断总结、不断完善的阶段，而农业循环经济更是各国理论界、政府部门大力推广的农业发展新模式。在我国实施农业循环经济、实现农业社会经济由传统农业向现代农业发展，在理论与实践方面都是一个全新的视角。

1.1.2　农业科技园区继续引领现代农业发展

20 世纪 90 年代以来，随着我国农业生产方式逐步由传统型向现代集约型过渡，作为现代集约型农业示范窗口的农业科技园区应运而生，并呈快速发展的势头。农业科技园区是指在特定的区域内运用资金的集中投入，进行以设施工程为主体，以农业新技术、新品种的示范推广为核心，以集约化生产和企业化经营为组织形式，并具有生产、示范、辐射、培训和观光等综合功能的现代农业示范基地。我国农业科技园区从 1994 年北京中以示范农场和上海孙桥现代农业开发区开始建设以来，在 20 年时间走出了一条快速发展的道路。据初步统计，截止到 2013 年我国拥有各类农业科技园区 4000 多个，其中国家级农业高新技术开发区（杨凌农业高新技术产业示范区）1 个，科技部认定的农业科技园区（试点）36 个，省级农业科技园区 400 余个。

农业科技园区作为一个特定的社会经济单元，在农业科技成果推广、带动周边地区农业结构调整和产业升级、推动农业产业化经营和区域经济快速发展，以及解决"三农"问题等方面发挥了重要作用。当前，我国正处于传统农业向现代农业转型的关键时期，推进社会主义新农村建设的首要任务是建设现代农业，要利用农业科技园区带动现代农业建设，使农业科技园区成为区域现代农业的示范带动基地，促进农业增长方式由"资源依存型"向"科技依存型"转变。因此，大力推进农业科技园区建设，引领现代农业的发展，将成为现阶段我国农业现代化建设的重点。农业科技园区引领现代农业发展主要包括以下几个方面：一是引领农业科技示范工作，重点有由单一的农业科技示范转变为区域农业集成创新的示范，进行农业高新技术和实用技术的示范，进行现代农业的产业发展示范等；二是引领农业科技推广工作，重点有建设农业技术推广的新载体，实施"农业科技园区技术推广行动计划"，推广"扁担型"的农业科技园区技术推广模式等；三是引领机制创新示范工作，重点有现代农业制度建设、农业经营方式、城乡一体化建设等；四是引领传统农业走向现代化生产，不断培育新型农民创业，建立规模化经营企业，增加农民收入。

1.1.3　武陵山区经济发展与生态保护

　　武陵山区是以武陵山脉为中心的渝、鄂、湘、黔边境邻近地区，共有 11 个地(市、州)、71 个区县，居住着土家族、苗族、侗族、白族和回族等 30 多个少数民族，人口共计 1200 多万人，约占全国少数民族总人口的 11%。武陵山区是我国内陆省际交界地区面积最大、人口最多的少数民族聚居区。区域内交通不便、信息闭塞、文化落后，农业生产水平低下，农村经济基础薄弱，农民生活十分贫困。近年来，该地区传统的农业耕作方式带来农业生态环境的污染和破坏，主要表现为化肥农药污染、水体污染、农业废弃物污染、白色污染等，农业生态环境功能利用不合理，导致自然灾害发生频繁。

　　农业可持续发展是以不耗尽资源或破坏生态的农业生产方式，通过体制变革和运用现代科技，在保持农业资源永续利用和生态不断改善的条件下，使当代人及其后代对农产品需求都能得以满足的发展。农业可持续发展是一个综合的、动态的概念，其外延宽广、内涵丰富，不仅考虑农业当前的发展，还更加重视未来长远的发展；不仅考虑某一部门或产业的发展，还更加重视综合的发展；不仅强调农业与农村的发展，还特别强调农业发展与资源环境的协调；不仅重视农产品数量的增长，还更加重视农产品质量的提高；不仅重视经济的发展，还特别强调对资源的保护和对循环经济措施的利用。

　　中国农业持续发展的核心是以当代科学技术进步为基础，以持续增长的生产率、持续提高与保持土壤肥力、持续协调农村生态环境以及持续利用与保护自然资源为目标，以高产、优质、高效和农村共同富裕为宗旨，采用传统精细农艺与现代科技结合，以现代工业来武装、现代经营方式来管理的方式，走农业集约化持续发展的道路。武陵山区是我国扶贫开发的重点地区，既要寻求农业发展，又不能破坏环境，必须走可持续发展的路子，在结合当地自然资源的情况下，兼顾生态平衡，做到和谐发展。

1.1.4　武陵山区发展需要新的切入点

　　武陵山区覆盖了渝、鄂、湘、黔 4 省市 11 个地(市/州)的 71 个县(市/区)，是我国较为贫困的少数民族聚居区。武陵山区长期受到国家扶贫开发政策的大力支持，是我国反贫困的重点区域之一。

　　2011 年，武陵山区被确定为国家新一轮西部大开发战略的一个重点区域，国务院批复了《武陵山片区区域发展与扶贫攻坚规划(2011—2020 年)》，出台了一系列特殊扶贫政策，在减缓山区贫困和促进经济发展方面取得了重大成就。

　　湖北省恩施州位于武陵山区，自改革开放以来，其将扶贫工作纳入整体工作之中，坚持走群众路线，以扶贫开发工作重点村为对象，以发展基本产业、改善基础条件、发展社会事业、提高劳动力素质、增加群众收入为目标，科学规划、集中投入、整合资源、分批实施、规范运作、逐村验收，大力开展整村推进扶贫开发。"十一五"期间，恩施州累计减少贫困人口 50 万人，农民人均纯收入由1648 元增加到 3939 元，农民生产、生活条件明显改善。

但由于恩施州属于武陵山区，具有典型的老、少、穷山区特征，贫困程度深、贫困面大、地理环境条件差、开发利用艰难、生态极其脆弱，水土流失、地力衰退、自然灾害频发，极不利于农村经济发展。因此，其与全国、全省的发展差距在持续拉大，农民的经济发展能力仍不足、贫困区域特征显著、贫困代差效应明显，急需进一步加大扶贫力度，改变贫困现状。

武陵山区的贫困是多种原因造成的，如资源匮乏、基础设施薄弱、农民素质较低等，形成顽固性贫困陷阱。要破除贫困陷阱，避免贫困循环，采用传统的扶贫方式是远远不够的，必须按照现代经济发展理论，进行大规模投资。特别是从贫困地区的基础设施建设、贫困人口的能力培训、符合市场需求的产业开发等方面进行综合、均衡的投资，实行整体推进，才能改变当地贫困面貌。自 2007 年年末，"清江源"科技园区在望城村、茅坝槽村以发展经济学的"大推进"理论为指导，以以人为本为原则，以产业扶贫为核心，以全面基础设施建设为载体，全方位、多角度、大规模投入的可持续发展扶贫体系取得了极大的成功，打造了扶贫开发、经济发展、社会进步的增长极。同时以点带面、辐射带动相邻其他地区，产生了极大的扩散效应，带动了周边地区农民种植烟叶，改善了自身及周边地区的贫困面貌，实现了企业利润与扶贫开发的双赢，产生了良性循环。这种扶贫模式对于武陵山区乃至全国其他贫困地区都有极大的借鉴意义。

1.2　目的意义

由于几千年来我国农业一直在走一条高投入低产出的粗放生产模式，再加上人们的环保意识低下，因而在生产和生活过程中破坏了环境，造成了大量污染。不可持续的传统生产方式，对生态环境造成了严重的危害，要从根本上改变这一点，就必须引入生态农业理念，遵循生态学、生态经济学规律，运用系统工程方法和现代科学技术，发展循环经济的农业生产经营模式。作为一种特殊区域，农业科技园区具有聚集、产业、政策以及地域等优势，以其为试点和突破口，探索一种合适的循环农业模式并加以实践，对改善农村生态环境、提高农业综合效益、促进农业可持续发展具有积极意义。作为武陵山区现代农业发展模式的典型代表，在"清江源"科技园区推行循环经济，旨在解决以下两个方面的问题：一是在园区构建一种循环农业体系，实现资源利用节约化、生产过程清洁化、产业链接循环化、废物处理资源化等，达到保护园区生态环境、改进发展质态的目的；二是为现代烟草农业建设探索一条科学发展之路，为武陵山区农业可持续发展提供一条新的可借鉴的途径。

"清江源"科技园区为了推进循环经济示范作用，已在小循环、中循环、大循环以及废弃物处置和再生产业四个层面全面推进循环经济。小循环——推行清洁生产和合理化利用，减少农产品生产过程中废弃物的丢弃，最大限度地减少污染物的产生；中循环——在区域层面，通过在"清江源"科技园区发展生态农业，建设生态农业科技园区，把农业废弃物和太阳能、风能等自然能源用做生产新产品的原料和能源，形成代谢和共生关系；大循环——在社会层面，通过建立绿色养殖和种植体系，推进绿色消费；通过建立农业废弃物回收体系，注重废弃物的合理利用，最终建立循环型社会；通过建立再生循环能源系统，如太阳能、沼气能体系，实现清洁、无污染的能源循环利用。重点推进废物处置和再生产业的循环建设——建立农业废弃物资源的处理、处置和再生产业，从根本上解决农业废弃物在全社会的循环利用问题。

1.3 研究进展

1.3.1 现代农业

现代农业具有综合性、动态性等学科属性，国内外专家在此学科领域进行了大量研究，与本书相关的主要结论如下。

(1)现代农业的特征与发展路径。现代农业必须普遍实现机械化，变人力、畜力为主要动力的传统生产手段为现代化的机械动力手段，建立起高效的农用工业保障体系；现代农业的经济形式必须是高度商品化和社会化的，农业再生产过程中贯彻计划经济与市场调节相结合的运行机制，其核心是农业设施现代化、农业科技现代化、农业经营管理现代化和农民素质现代化(周洁红和黄祖辉，2003)。

农业部农村经济研究中心(2006)指出："农业现代化是技术进步或现代生产要素引入的过程，也是要素优化配置或制度创新的过程。""农业现代化除了生产技术的现代化外，还包括基本制度的现代化，即：农地经营制度、农产品营销制度、农产品价格形成制度、农业金融制度、农业劳动力资源配置制度等"(温思美和张乐柱，2009)。技术进步与制度创新是实现现代农业的驱动力(温思美，1996)。

我国农业面临着四大矛盾，即人多地少、小生产与大市场、分散经营与规模经营、现代农业意识与传统农业思想的矛盾。在中国农业发展历程中,农业产业化程度和比较利益均处于低水平状态,因此农业被视作"弱质产业"(马鸿佳,2005)。我国农业区域广阔,各地在农业资源禀赋、劳动力数量、人力资本构成和农业技术等方面差别很大,不仅要考虑国民经济日益增长的需求与农业资源不足间的矛盾,而且要考虑农业劳动生产率提高的需要和结构性、区域性劳动力供给不足的矛盾。在现代农业路径的选择上,既要鼓励发展集约利用水、土地等农业资源的生物技术,又要鼓励发展集约利用劳动力资源的农业机械技术(张红宇,2006)。

王鑫(2006)认为,我国现代农业的建设与发展路径选择,既要学习与借鉴西方现代农业发展的成功经验,又要结合我国资源禀赋、农业生产力水平、生态环境状况、农业生产条件、科技与经济的发展形势等实际情况。建设现代农业应选择资源节约型农业模式;建设现代农业应选择生态环保型农业模式;建设现代农业应选择能充分发挥市场机制作用的发展模式;建设现代农业应选择可持续发展的农业模式;建设现代农业应选择技术进步与创新的发展模式。

(2)现代农业的产业属性。石元春(2002)认为,现代农业是一种科技型产业,以生物技术与信息技术为先导,以现代技术的高度密集为特征;是综合性和多元化的新型产业;是农工贸一体化经营的开放型商品农业;是资源节约和可持续发展的绿色产业。徐更生(1993)认为,农业现代化是用现代科学技术与生产手段装备农业,用先进科学方法组织与管理农业,培养有文化、懂技术的农业生产者,把低效粗放的传统农业改造为具有高度发达的生产力水平和发展的可持续性的现代农业。张宝文(2007)认为,从技术角度出发,现代农业有六个特征:①生物技术产业化推动农业产业升级;②信息技术逐步实现农业可控性;③食品加工制造技术推进农业产业化纵深发展;④农业装备技术改进农业装备水平与生产手段;⑤可持续农业技术越来越受到重视;⑥农业领域广泛采用材料技术、航空航天技术与核技术等高新技术。

陈志兴和楼洪兴(2005)等认为,现代农业是一种向多元化方向拓展的新型产业;农业概念与内涵发生深刻变化,正推动着农业由单一初级农产品的生产,向农产品加工、生物化工、医药、环保、观光休闲、能源等领域拓展;传统的第一和第二产业界限趋于模糊。杨万江和徐星明(2000)认为,现代农业是一种大规模、高效益和高商品率的农业;现代科学技术与科学管理方法广泛应用于生产与经营,将供、产、销的各生产经营环节和市场紧密相连,并与农业的产前、产中、产后紧密联系,是一种发达的商品农业,是一种高科技含量、高产出、高度社会化和高消耗的高效益农业。这些观点突出了现代农业科技化、商品化与产业化的发展趋势,也提出了资源节约与可持续发展的要求(韦凤琴和张红丽,2010)。

现代农业是在生态环境健康、协调基础上的优质、高效、高产的农业,是质量标准、安全标准和环境质量标准监管的绿色产业；大力发展农业标准化和可持续农业是世界农业发展的必然趋势，生态农业建设将促进农业资源的持续高效利用，加速农业标准化的实施（陈志兴和楼洪兴，2005）。

1.3.2　农业科技园区

国内农业科技园区的研究主要集中在它的类型、特点、功能、作用、管理机制、国内外比较、运行机制、投融资，以及发展中存在的问题分析等方面。

（1）对农业科技园区界定的研究。学者们主要从农业科技园区的区位、主体、要素、特征和目标等几个方面进行界定。关注区位优势的学者认为，农业科技园区首先是建立在农业智力资源密集、具有一定产业优势和区位优势、经济较发达的城市和农村的特殊区域（魏德功，2005）。在农业科技园区的建设目标上，各位学者表达了不同的看法，主要包括：推进农业现代化进程、进行集约化生产和企业化经营的农业组织形式（于平福等，2003）；调整农业生产结构、展示现代农业科技的农业试验园区（周小琴和查金祥，2005）；探索农业生产、农村经济和农村发展方向的新型农业运营基地（王树进，2003）；实现农民富裕的试验示范园区（魏德功，2005）；等等。事实上，农业科技园区本身就是一种农业与科技相结合，政府、农业企业、农户和科教单位共同参与的新型经济形式。它既是探索、发展、展示现代农业的重要基地，又是带动农业和农村经济发展的排头兵。

（2）对农业科技园区特征的研究。有关农业科技园区的特征，学术界观点各具特色，普遍认为农业科技园区具有多个特征。吴沛良（2001）认为农业科技园区至少应有科技含量高、科技成果转化率高、综合经济效益高和经营管理机制新四个基本特征；魏德功（2005）的研究补充了现代性和试验示范性；同海梅和侯军岐（2006）更侧重于农业科技园区的成长性，认为农业科技园区是我国农业生产力发展新的制高点、农业现代化建设新的生长点，以及农业科技与农业经济相结合的切入点。

1.3.3　农业循环经济实践

西方发达国家较早地进行了现代农业和循环经济等方面的理论探讨，并在农业生产实践中大胆探索应用，取得了一批丰硕的成果。我国从 20 世纪 70 年代末改革开放以来，不断接触国外现代农业与循环经济的先进理念，也进行了一系列成功实践。

德国的"绿色能源"农业。20 世纪 90 年代初，德国科学家发现在一些农产品中能提炼出化工原料替代品和矿物能源，以实现农产品的循环利用。这些生物质原料和能源都是绿色无污染的，因此，德国联邦政府开始重视这一类型经济作物的推广和发展。德国科学家从经过定向选育的甜菜、马铃薯、油菜等作物中制取乙醇、甲烷等绿色能源；从菊芋植物中制取酒精；从豆类植物中制取生物碱。其中，油菜子是目前德国最重要的绿色能源作物，不仅可以制取化工原料，还能从中提炼出生物柴油，代替产生污染物较多的矿物柴油作为动力燃料。

美国的精准农业。精准农业也称精确（细）农业，追求以最少的投入获得优质的高产出和高效益。指导思想是按田间每一操作单元的具体条件，精准地管理土壤和各项作物，最大限度地优化使用农业投入（如化肥、农药、水、种子等），以获取最高产量和经济效益，减少使用化学物质，保护农业生态环境。美国是世界上实施精准农业最早的国家之一，1990 年后，美国将全球定位系统（global positioning system，GPS）技术应用到农业生产领域，明尼苏达州农场进行了精确农业技术试验，用 GPS 指导施肥的结果是其产量比传统技术施肥的产量提高了30% 左右。从 90 年代中期开始，美国的精确农业技术得到快速发展，家庭农场普遍应用现代信息技术指导农业生产，实现了经济效益和环境保护的双丰收。

英国在循环经济的实践中，把废物转变为可再生资源的一种重要形式需要"永久农业"来完成。实现"永久农业"的关键在于元素的合理化利用，在不破坏环境和节能的原则下使效益最大化。在种植过程中，各种资源循环利用，变废为宝，最大限度地节约有限资源，使生产最大化。在土地的耕种过程中，注重土地质量的保护，通过制订绿色发展计划和种植各种绿色植物来保护土地资源。

中国的循环农业起步较晚，比较成熟的典型还不多，其中以"蟹岛模式"较为突出。"蟹岛模式"构建植物生产—动物转化—微生物还原循环系统，三大部分前后衔接，实现能量的多级利用。农田有机农产品—作坊有机食物—餐桌有机食品种类丰富，所有农产品坚持"有机"的发展路线，并且有机食品品种系列化、深度加工化、广泛应用化。另外，第三产业与第一产业完美结合，生态农家乐、生态农业观光旅游、生态循环农业旅游、循环农业文化旅游特色鲜明，通过观光、会议、住宿、餐饮、娱乐实现"农游合一"的综合效应。

浙江省现代农业发展中积极引导和支持农业科技创新，有力地推动了产业和产品结构的优化升级。浙江省位于我国东部地区，经济发达，但农业生产中人多地少的矛盾十分突出。2007 年浙江省耕地面积为 212.53 万公顷，仅占全国耕地总面积的 1.63%，农村人均占有耕地面积仅为全国人均水平的 42.5%（张军，2007）。但浙江省有 116 万亩（1 亩≈666.667 平方米）设施栽培面积、1984 个省级无公害农产品生产基地、1010 种绿色食品认证产品、324 个名牌产品（金茹，2008）。2008 年浙江省农业增加值达到 1095 亿元，首次突破 1000 亿元，农村居民人均纯收入也突破 9000 元。随着农业科技的不断创新，现代农业发展的新模式——农业科技园也应运而生。位于浙江省台州临海市的新世纪现代农业科技示范园区是农业科技化、功能多元化、绿色生态化的示范样板和农业高新技术成果展示基地（王娇阳等，2009）；浙江大学（长兴）农业科技园则是以农业为特色主导产业，集探奇问胜、休闲观光、运动娱乐为一体的现代风景旅游区。

山东省现代农业建设实现了农民增收、农业发展、科技进步的战略目标。自1993年济南市政府批准建立高新农业开发区后，各地市相继建立各类农业科技园区，山东省农业科技园区建设发展迅速。山东省农业科技园区主要以农业生物技术、无公害生产技术、工厂化生产技术、智能化农业科技为主，为农业生产和农村经济发展提供了新技术、新信息，提高了科技的显示度，促进了农业结构的调整和农民收入的增加，培育了新的农业经济增长点(朱建华等，2003)。在科技创新方面，山东省率先提出科技兴农和农业产业化战略，把科技引入农业生产环节，农业生产方式发生了大变革，如农科教结合、产学研结合、科教兴农等，并产生了巨大的影响。山东省出台了农业科技的支持政策，逐年增加农业科技的财政投资，制订了农业良种工程、自然科学基金、农业科技攻关、中青年科学家基金、农业科技园区建设和农业科技成果转化等科技专项计划。

农业科技旅游可以使游客增长许多农业知识，与传统旅游不同，农业科技旅游以现代农业科技园区为重点，通过参观农业产品、农业工艺和高新的农业技术来达到浏览与学习农业知识的目的。重庆市的柑橘城就是一个很好的农业科技园，在科技园里，游客除了可以观赏百里柑橘园林，还可以参观鲜冷橙汁的加工流程。重庆永川秀牙茶叶科技示范观光基地能使游客参与独具特色的茶文化活动，游客可亲自采摘茶叶，参观制茶车间，了解制茶工艺，欣赏茶艺茶道表演，掌握泡茶技巧，达到增长茶文化知识的目的(龙良碧，2008)。

1.4 小 结

在生态环境不断恶化、部分资源趋于枯竭的今天，非可持续性已经成为制约传统农业发展的一大瓶颈，属于我国集中连片贫困地区之一的武陵山区，如何在经济发展的同时保持良好的生态环境，如何在贫瘠的喀斯特地貌条件下实现农民祖祖辈辈的脱贫致富梦想，如何在近似刀耕火种的原始农业种植模式下发展现代农业，如何在拥有千年历史的烟草种植行业中引入循环经济模式，是摆在人们面前的难以破解的困局。

"清江源"科技园区的全体建设者经过多年的艰苦探索，以先进的科学理念为指导，以烟草行业循环经济建设为中心，坚持经济发展和生态保护并重的战略，围绕上述四个困局交出了一份优异的答卷。几年来，"清源园"科技园区的农民人均收入由2008年的2000余元上升到2012年的5500余元，完成了当地农民多年来的脱贫致富梦，园区的现代化烟草种植产业和观光产业以及有机种植、养殖产业为其致富奠定了坚实的基础，为武陵山区贫困地区探索出了一条可持续发展的脱贫之路。"清江源"科技园区实现了农产品废弃物变废为肥的循环生产,风能、太阳能的低碳经济应用,污水处理后的循环利用,污物的沼气池能源转换等循环经济,在促进科技园经济飞速发展的同时保持了良好的生态环境,已成为恩施州一道亮丽的风景线,为园区观光农业的发展打下了坚实的基础。

我国的循环农业起步较晚,理论研究多、实证研究少,比较成熟的典型还不多。与平原、大都市附近的现代农业科技园区所拥有的优越自然与区位条件相比,山区尤其是贫困山区的农业科技园区只能立足于自身所处的区域客观实际,向内使劲,走符合山区客观实际的探索与发展之路。"清江源"科技园区能在短短的七年时间内于我国中西部贫瘠的山区崛起,有许多成功的经验值得总结,在发展中也发现了不少问题,对这两个方面进行深入的研究,将有利于"清江源"科技园区的发展壮大,有利于循环经济理念和实践更好推广实施,有利于现代农业模式扎根于武陵山区,有利于探索武陵山区可持续脱贫和探索武陵山区建设新农村模式。

本书共分为 7 篇 16 章,第一篇为绪论,重点介绍"清江源"科技园区建设背景、循环农业研究进展等;第二篇为循环载体建设,重点介绍"清江源"科技园区建设基本情况、园区布局及功能定位等;第三篇为科技创新支撑,重点介绍"清江源"品牌打造、技术研发与推广、创新体系建设等;第四篇为循环经济实践,重点介绍烟草秸秆生物质、清洁能源、土地资源、废水与废弃物、有机农业、观光农业六种循环利用模式及相关技术研发成果;第五篇为可持续发展模式,重点从特征分析、基本做法、机理分析及创新四个方面总结提炼"清江源"科技园区可持续发展模式;第六篇为循环经济效益,重点介绍"清江源"科技园区自身效益评价及其对恩施州烟草产业示范辐射效益等;第七篇为循环经济展望,重点介绍"清江源"科技园区未来发展思路与措施等。

本书重在实证研究,具有以下几点特色:一是以实证研究为主,重点放在循环农业模式的实践上,这些实践不仅是借鉴其他农业领域研究思路和创新成果,更多的是围绕烟叶产业开展具有自主创新成果的技术成果与循环农业模式,如烟草秸秆生物有机肥、土地整治及地力修复、精准施肥、烘烤新能源等。二是循环农业模式中大量引用了"清江源"科技园区开展的农业实验研究结论,更加全面地论证模式的科学性,丰富循环农业模式内容。三是书中实践区域重点在科技园区,同时也着重介绍了几种循环农业模式在恩施州烟草农业领域的辐射推广情况,进一步反映了科技园区的示范推广功能,论证了几种模式在武陵山区的实用性和可操作性。

第二篇 循环载体建设

　　湖北恩施"清江源"科技园区在短短 7 年内，通过生态保护、基础设施建设、科技创新、人才培训、创新制度建设等，建成了一座现代化生态烟草农业科技园区。本篇在回顾"清江源"科技园区创立前的现状和建设历程基础上，对其建成后的区位布置、系统功能等进行了重点阐述。

第 2 章

科技园区建设

2.1 建设前概况

"清江源"科技园区所在区域北部距恩施市城区 10 千米，南部紧靠白果集镇，辖恩施市小渡船办事处望城村、白果坝乡茅坝槽村、屯堡乡双龙村蒲家垭组和何功伟村山溪沟组，呈东北—西南走向。科技园区占地面积 52 平方千米，海拔 800～1500 米，平均 1200 米，年均降雨量 1500 毫米，园区内森林面积约 55 000 亩，耕地面积 14 000 亩。恩施州烟草专卖局（公司）在"清江源"科技园区集中租赁土地 5790 亩，土壤多为黄棕壤，土壤及气候条件适宜烟叶生产。"清江源"科技园区现有常住户 421 户，常住人口 1304 人，村民文化素质偏低，初中、小学及文盲人口占近 75.5%。其所在的恩施市、恩施州都处于武陵山连片特困区，恩施市也是国家 592 个扶贫开发工作重点县之一，人均收入水平长期低于湖北省平均水平。

在开发前，整个"清江源"科技园区地区经济、文化、社会生活等都较落后，2007 年人均毛收入 1900 元，村民生存环境恶劣、生活贫困。但"清江源"科技园区具有优越的区位条件、适宜烟叶生长的土壤及气候、良好的生态环境、丰富的旅游资源、较低的人口密度等基础条件，有利于进行现代烟草农业综合开发。

望城村隶属恩施市小渡船办事处，原属国营望城坡林场，2003 年林场改制，将区内农业及农户划归何功伟村管辖，2008 年 1 月，恩施州烟草专卖局（公司）

与恩施市人民政府商定在此进行现代烟草农业综合开发，为有利于管理，重新成立望城村。该村位于恩施城区西北郊，距市中心 10 千米，区域面积 5.7 平方千米，区域内森林面积约 7000 亩，森林覆盖率 82%，海拔 800～1500 米，平均1100 米，年均降雨量 1480 毫米，土壤多为黄棕壤，该村土壤及气候条件适宜烟叶生长。望城村现有农户 67 户，总人口 250 人，常住劳动力 129 人，占总人口的 51.6%。常住户 55 户，常住人口 204 人，常住劳动力 114 人，占总人口的45.6%。全村整体文化素质偏低，调查的 194 人中，大专及以上学历 1 人，占0.51%；高中(中专)学历 5 人，占 2.58%；初中学历 30 人，占 15.46%；小学124 人，占 63.92%；文盲 25 人，占 12.89%；非适龄儿童 9 人，占 4.64%。人口年龄结构呈老龄化发展趋势，调查的 194 人中，18 岁以下的 40 人，占20.62%；18～60 岁的 126 人，占 64.95%；60 岁以上的 28 人，占 14.43%。社会问题较为突出，现有人口中享受养老补助金的为 42 人(男性 17 人、女性 25人)。婚姻问题和残疾人问题较为突出，目前该村 35 岁以上单身男性 12 人，总人口中丧失劳动能力的残疾人 6 人。村内交通不便，仅有一条村级公路，而且只通至村口林场管理站，村内物资进出依靠人背马驮。村内无自然水源，村民只能靠天吃水。农户人均收入较低，2007 年望城村农民总收入为 478 200 元，其中种植业收入 45 429 元，占总收入的 9.5%；畜牧业收入 103 291 元，占总收入的21.6%；外出务工收入 329 480 元，占总收入的 68.9%；外出务工成为家庭收入的主要来源。人均年收入 1912.8 元，低于全州平均水平。

茅坝槽村位于恩施市白果坝乡东北部，南距乡政府约 9 千米，东距小渡船办事处望城村现代烟草农业示范区 6 千米左右，全村区域面积 27.4 平方千米，平均海拔 1200 米左右，森林覆盖率 85% 以上，年降雨量 1600 毫米；森林面积31 530 亩，其中农民所有 30 750 亩，村集体所有 780 亩。全村辖 3 个村民小组(即天蒜园、茅坝槽和雨龙坝)，14 个中心户片区。经调查，全村总户数为 281户，总人口 810 人，劳动力 583 人，占总人口的 71.98%；全村已搬迁 69 户，外出人员 241 人；常住户只有 212 户，合计 569 人，在家劳动力 318 人，占总人口的 39.26%。村民整体文化素质低：全村被调查的 709 人中，大专及以上学历6 人，占 0.85%；高中(中专)学历 29 人，占 4.09%；初中学历 186 人，占26.23%；小学学历 371 人，占 52.33%；文盲及儿童 117 人，占 16.50%。人口年龄结构呈现老幼化：在实际调查到年龄的 801 人中，18 岁以下的 129 人，占总被调查人口的 16.10%；18～60 岁的 505 人，占 63.05%；60 岁以上的 167人，占 20.85%。从调查走访来看，该村总体上以小孩和老年人常住为主，现有人员的年龄结构较差。农户人均收入较低：2007 年，该村农民总收入 547.65 万元，其中种植业收入 310.5 万元，占总收入的 56.7%；畜牧业收入 112.8 万元，占总收入的 20.6%；其他收入(林业、渔业、外出务工等)124.35 万元，占收入的 22.7%；人均年纯收入 1785 元，低于恩施州平均水平。

屯堡乡双龙村蒲家垭组位于恩施市南方，距城区 33 千米，东面与白果坝乡吊脚楼交界，南面与白果坝乡见天坝毗邻，西面与车坝水库相依，北面与白果坝乡茅坝槽村接连。区域内山林茂密，光照充足，水源充沛。海拔为 1000～1600 米，区域面积 16 平方千米，耕地面积 4370 亩，其中宜烟面积 3500 亩左右。该区域属于典型的亚热带季风性气候，年平均气温 16℃，无霜期 240 天，降雨量 1500 毫米左右，降雨多集中在每年的 3～8 月，约占全年降雨量的 75%。年有效积温 2900℃，年日照时数 1370 小时。土地肥沃，适宜多种农作物生长。全村现有 147 户，总人口 421 人，劳动力 250 人。

2008 年"清江源"科技园区建设前，当地农民产业结构仍然较单一。粮食、畜牧业收入仍占家庭收入的 90% 以上，农户粮食种植主要为玉米、红苕、土豆，畜牧业以家庭养猪为主。各家农户拥有的林地资源都在 50 亩以上（多的有 200 亩左右），但林地产出十分有限，林业为农户提供的家庭收入不多，只占农户家庭总收入的 1%～2%。药材、蔬菜种植经营与市域、州域内先进乡村相比，基本上没有起步。烟叶种植规模小、水平低，农产品处于大半自给、小半商品化的状态。

从住房情况来看，薄家垭基本上都是低矮、阴暗、潮湿的木板房、土坯房，房高一般都只有 5 米左右，五柱三间构架，一楼住人，窗子开口很低，光线差。房后侧一般都临山坡，开沟浅、断面小，未做任何处理，后山来水对室内潮气影响很大。室内以泥土地面为主，少数人家在主卧室铺了木地板。

2.2　建设前基础

2.2.1　自然地理基础

长期以来，由于自然地理条件的限制，以及传统经济模式的影响，望城村的农村经济发展落后，村民生存条件和生产条件均较恶劣。望城村平均海拔 1100 米，森林覆盖率为 82%，其中自然林在 55% 以上，林木类型主要以灌木为主。耕地面积 877.8 亩，其中在耕地面积 302 亩（平槽地 133.8 亩、岩壳地 144.6 亩、荒地 17.5 亩、二荒地 6.1 亩），退耕还林面积 575.8 亩。在全部耕作土地中，适宜机耕的面积有 93.8 亩。

在 2008 年开发之前，望城村的农户中有 70% 的住户不通公路，其西南端的茅坝槽村也有 50% 不通公路。望城村因地质构造缺乏隔水岩层，无论一年下多少雨，山上总是存不住水。缺水是望城村经济发展所面临的最为突出的问题之一。

2.2.2 农业生产基础

在粮食生产方面，望城村范围内以旱粮为主，几乎没有水稻。玉米、土豆、红苕、大豆是主要粮食作物。到20世纪90年代末期，玉米单产已提高到800～1000斤/亩(1斤＝0.5千克)的水平。由于望城村的生态环境较好，它成为了天然的土豆种子产区，受到其他低山、二高山种植区的欢迎，每年都能以土豆种子交换低山、二高山农民种植的水稻，高山土豆种也开始成为一种可以交换的商品。

望城村的粮食作物生产状况虽较佳，但种植业中的经济作物份额很少。其于20世纪80年代后期开始零星种植烤烟，村域内年均种植百亩左右，户均规模3～4亩。因缺乏投入，加上技术指导不到位、种植水平低，单产高的也仅150斤左右，低的不足100斤。可以说，在当时而言，烤烟的种植对当地经济没什么促进。

林业是望城村范围内占地面积最大的一项产业，对森林资源进行合理的利用就能够带动当地经济的多元化发展。该地区森林资源经历了从原来的滥砍滥伐到现在的大力保护，自20世纪50年代中后期一直到80年代后期，在三十多年的时间里，因大办钢铁、办集体大食堂、毁林开荒，加之人口增多、烧炭出售、自用等大量增加了对森林资源的需求，区域内的原始林、次生林很快被摧毁。在20世纪90年代以后，国家推行"天保工程"，进行"封山育林"并鼓励人工造林。同时，关键是农户的经济来源有所拓展，生活得到改善，农户的森林保护意识开始恢复，烧炭、用材出售、毁林开荒等破坏森林现象大大减少，很大程度上减少了对森林资源的毁坏行为。2008年区域整体范围被纳入现代烟草农业开发，森林生态功能潜质潜力较大的林地，修复保养得当，成为恩施城郊一处珍贵的自然生态景区。

望城村内农户的其他家庭经营活动，即从事副业，自20世纪90年代始，青壮年外出打工者逐年增多。到2008年，全村青壮年劳动力外出打工者已达到180余人，占劳动力总数的67％。这些人远则至长三角、珠三角发达地区的各类工厂做工，或者到山西下矿井挖煤；近则至山下的恩施市区和省内其他城市做工。

2.2.3 经济收入与生活基础

望城村的农户收入增长虽快，但是仍然处于一个偏低的水平，1982～2007年，95％的农户家庭收入都主要依靠种植业(种植粮食和经济作物)和家庭养殖业。2000 年以后，开始有少数人在本地或外地务工，只有极少数农户家庭开始经营餐饮、交通运输、商品零售等收入高于普通农户的第三产业。如果不考虑物价上涨等因素，农户收入增长的平均幅度是较大的，1982～2007 年的 25 年间，平均增长了 12 倍，1982～1990 年增长最快，约增长 300%；其次是 1991～2000年，增长约 250%；此后增幅逐步放缓，2001～2007 年约增长 160%。但是，人均纯收入很低，到 2007 年望城村人均 1900 元左右，茅坝槽村人均不到 1650 元。

望城村和茅坝槽村这种贫困状况是由多种原因造成的，包括资源匮乏、基础设施薄弱、农民素质较低等。按照现在的经济学研究理论，必须加大投资，实行整体推进，才能改变当地的贫困面貌。

2.3　建设历程

近几年，经过恩施州烟草专卖局(公司)与恩施市当地人民政府的共同努力，成功建立了湖北恩施"清江源"科技园区。"清江源"科技园区能有今天的成绩，也是恩施州烟草专卖局(公司)和恩施市当地人民政府的科学合理经营、规划的结果。

2007 年 12 月 28 日，望城村召开全体村民大会，表决通过决议，确定将已发包给村民的土地收归村经济联合社，由村经济联合社将土地集中租赁给恩施州烟草专卖局(公司)进行现代烟草农业综合开发。

2008 年 1 月 2 日，恩施州望城村现代烟草农业综合开发示范区签约仪式举行，恩施州烟草专卖局(公司)与恩施市政府和望城村经济联合社分别签订了《小渡船办事处望城村现代烟草农业综合开发示范区开发协议》和《土地承包经营权租赁协议》，将望城村 960 亩耕地和 6570 亩林地进行整体流转，恩施州首个现代烟草农业综合开发示范区建设全面启动。

2008 年 3 月 27 日，经湖北省烟草专卖局(公司)批准，恩施州烟草专卖局(公司)成立了独立法人资格的恩施香城现代烟草农业开发有限公司，公司注册资金 10 万元，地址在恩施市小渡船街道办事处望城村，公司经营范围包括：烟叶、药材、蔬菜种植和购销；林木苗圃种植和购销；牲畜(含生猪)养殖。

2008 年 12 月 18 日，恩施州茅坝槽村现代烟草农业综合开发示范区签约仪式举行，恩施州烟草专卖局(公司)与恩施市政府、恩施香城现代烟草农业开发有限公司与恩施市茅坝槽村经济联合社分别签订了《白果乡茅坝槽村现代烟草农业综合开发示范区开发协议》《土地承包经营权租赁协议》，建立了恩施香城现代烟草农业示范区，含茅坝槽片区和望城片区。恩施香城现代烟草农业开发有限公司租赁茅坝槽村土地 3158.04 亩。

2009年"清江源"科技园区全面推进了基础设施建设。投入大量人力、物力、财力建立科技园区基础设施体系，重点对烟叶种植最急需的烟水、烟路、烟房、育苗设施、基本烟田、烟机、烟站和减灾抗灾体系进行大规模、高标准的建设。

2010年1月21日，恩施香城现代烟草农业开发有限公司与何功伟村签订综合开发协议，租赁该村山溪沟组土地146.2亩和山林2523.9亩进行集中开发。

2010年7月27日，在望城村现代烟草农业综合开发示范区举行了湖北恩施"清江源"科技园区和恩施州烟草专卖局(公司)教育培训中心的揭牌仪式，香城现代烟草农业示范区正式更名为湖北恩施"清江源"现代烟草农业科技园区。

2010年8月9日至10日，恩施"清江源"特色优质烟叶品牌专家论证会在"清江源"科技园区召开。会议形成了《"清江源"特色优质烟叶田间鉴评意见》《"清江源"特色优质烟叶质量风格感官评吸意见》《"清江源"特色优质烟叶品牌专家论证会论证意见》，确定了"清江源"烟叶以浓透清和浓偏中香气类型为主，"甜雅香"和"绿色生态、富硒低害"的风格特色。2010年8月9日，恩施州烟草专卖局(公司)技术中心在湖北恩施"清江源"科技园区挂牌。

2011年7月25日，恩施州委、州政府主持召开协调会，研究解决湖北恩施"清江源"科技园区二期建设相关问题。

2011年8月9日至10日，湖北省2011年全省现代烟草农业基地单元建设现场会在"清江源"科技园区召开，湖北省各市县代表130余人参会，湖北省委常委张昌尔、副省长赵斌、中国共产党中央纪律检查委员会(简称中纪委)驻国家烟草专卖局纪检组长潘家华等领导出席会议。

2012年7月10日至11日，2012年全国烟叶收购暨现代烟草农业建设现场会在"清江源"科技园区召开，湖北省委副书记张昌尔在会上致辞。国家烟草专卖局副局长何泽华、中纪委驻国家烟草专卖局纪检组长潘家华出席会议并讲话，副省长赵斌出席现场会。"清江源"科技园区的发展成绩得到了与会领导的高度评价，被认为是现代农业科技园的典范。

表2-1罗列了近年来"清江源"科技园区的建设投入情况。

表2-1 "清江源"科技园区资金投入与工程建设情况

项目 \ 年份		2008	2009	2010	2011
烟叶总产值/元		575 060.76	3 664 416.25	4 815 310.78	5 826 628.98
水池投入	工程量	提灌站一座	4 366 平方米	9 450 平方米	16 216 平方米
沟渠投入	工程量		8 193 米	15 096 米	728 米
管道网投入	工程量			112 721 米	139.25 千米

年份 项目		2008	2009	2010	2011
道路投入	工程量	6 620 米	20 233 米		16 226 米
土地治理	工程量	370 亩	782.07 亩		
农机投入	数量	10 台	56 台	4 台	22 台
减灾抗灾投入	工程		防雹台		

现在的"清江源"科技园区，基础设施基本完备，绿色烟草业、有机养殖业、休闲观光业等已茁壮成长，太阳能、风能、空气能得到充分利用，土地整治、环境保护、废物循环利用已使科技园区成为现代烟草农业的示范中心，产生了巨大的经济、社会与生态效益。

第 3 章

科技园区布局与功能

"清江源"科技园区以"一基四化"为建设的总体要求，注重基础设施建设，同时围绕规模化种植、集约化经营、专业化服务、信息化管理进行了有效探索与实践，已建设成为高标准的现代科技园区。

3.1 科技园区布局

目前，"清江源"科技园区已形成了"一带、一楼、两中心、三区、五片"的布局结构。"一带"，即望城—茅坝槽—蒲家垭烟叶、有机种养殖产业发展带；"一楼"，即科技楼，并以此为核心形成了循环农业园、烟草品种园、精准农业园、烟草科技园四大科技研发及推广应用阵地；"两中心"，即恩施州烟草专卖局(公司)技术中心和恩施州烟草专卖局(公司)教育培训中心；"三区"是指望城、茅坝槽、蒲家垭三个行政区；"五片"是指"清江源"科技园区望城、茅坝槽、雨龙坝、天蒜园、蒲家垭五个相对隔离的产业发展区域。

3.2 科技园区功能

"清江源"科技园区已经发展成为布局科学、设施完善、功能齐全的现代化烟草农业科技园区，其功能定位为"产业发展、科技研发、成果转化、合作交流、人才培养、生态旅游"。

1. 产业发展功能

产业发展是指发展烟叶、特色养殖、特色种植、有机农业、循环经济、食用菌、生物有机肥等产业。"清江源"科技园区以烟叶产业为主,实行综合开发。目前发展的产业有烟叶种植 4600 亩、生物有机肥年生产 10 000 吨、有机种植 500 亩、食用菌袋年加工 185 000 袋、有机养殖 30 000 头(只)、苗圃种植 200 亩、餐饮住宿产业接待能力近 400 人/次。

2. 科技研发功能

科技研发,即负责恩施州烟草科技研发工作,集中国家烟草专卖局、湖北省烟草专卖局(公司)等重点科研项目,突出前沿性、基础性等课题研究,不断取得新的科研成果和突破,提高恩施州烟草科技研发能力和烟叶生产水平。"清江源"科技园区以恩施州烟草专卖局(公司)技术中心为主体,强化科技研发功能,到目前已形成"5211"的实验室布局,即 5 个实验室(公共实验室、生理生化室、土壤分析室、烟叶质量分析室和调制实验室)、2 个站(1 个气象数据采集站、1 个烟草病虫害预警防灾站)、1 个烟草科研园、1 个品种选育圃。技术中心设置了现代烟草农业研究室、"清江源"烟叶品牌研究室、特色品种选育室、生物环保技术室、化验检测分析室、硒资源利用研究室和病虫害预测预报站 7 个研究室,现有博士后 1 人、博士 3 人、硕士 9 人。

3. 成果转化功能

成果转化就是试验、示范、应用先进的科技成果、生产技术、管理模式、先进机械等,促进科技成果转化为生产力,发挥辐射、带动、推广的功能,提高科研成果利用率。"清江源"科技园区以科技中心为孵化器,在整个园区强化科技成果推广应用水平。目前已经推广应用的技术有紫光灯物理防治技术、性诱剂生物防治技术、绿肥修复土壤技术、阿维菌素防治害虫技术、精准施肥技术等,并已经将自主研发的烤晾房应用于生产,将自主研发的生物有机肥施用于烟田。

4. 合作交流功能

合作交流是指通过建立科研、学术、技术合作和交流的平台,加强与行业内外科研单位及个人的交流和合作,扩大合作领域,拓展科研范围,形成园区开发、科技研发、产业发展、水平提升、人才培养的重要推动力。一是科技中心每个年度召开技术研讨会,不定期地召开各种形式的学术报告会、项目论证会等,研讨工作进展及科研中出现的问题,交流新的方法、技术及相应领域的最新进展、科研动态等。建立人员互访制度,有计划地派出人员到其他科研机构、工业技术中心学习,组织参与同行的项目研究工作,同时合作机构也派驻研究人员到中心参加课题研究工作。二是培训中心较好地发挥了交流平台作用,承办了各系统、各层级的培训、会议，有效地强化了合作交流功能。

5. 人才培养功能

人才培养提倡以教育培训中心为依托，加强职工思想素质、职业技能、工作能力等方面的培养，加强职工实践锻炼和经验积累，培养复合型的人才，培养精干的技术队伍、科研队伍、管理队伍、经营队伍。一是恩施州烟草专卖局（公司）教育培训中心作为恩施州烟草行业职工培训场所，每年为全行业培训职工上万人次；二是州局将科技园区作为培养干部、锻炼职工的平台，近年来"清江源"科技园区共调入年轻职工11人，提拔干部4人；三是将科技园区作为农业技术人员培训场所，每年都在园区举办农业技术讲座、研讨会等，邀请专家学者讲授现代农业科技知识，为园区普及、应用现代烟草农业种植技术打下坚实基础。

6. 生态旅游功能

生态旅游以开发生态资源、建设旅游景观、完善旅游服务设施为主，突出"绿色、生态"的发展主题，打造恩施州生态走廊，建设生态旅游基地。目前，"清江源"科技园区已形成观景平台、生态鸟语林、植物风情园、石景园、双堰湖等景点，加之园区森林资源丰富，餐饮服务业发展较好。园区周末观光人员较多，据粗略统计2012年全年在20 000人次以上。

3.3 科技园区分区

"清江源"科技园区在准确定位功能布局的基础上，对自身进行了整体的科学规划和合理分区。为充分保护和利用现有的生态资源，实现"清江源"科技园区经济发展和生态保护的和谐统一，把园区建设成为资源节约型和环境友好型的现代烟草农业科技园，科技园区按产业布局进行功能分区，各区之间虽有交叉重合，但各有侧重。各功能区分布位置、功能定位、生态保护方向及目标如下。

1. 现代农业创新区

该功能区主要分布在林场至见天坝一线，以现代烟草农业为引领，深入开展以有机种植、特色养殖、农业机械、循环农业为主要内容的现代农业创新；建设有机作物种植园、有机畜禽养殖园，发展无公害农产品、绿色食品和有机食品；加强农田基本建设，增强抗自然灾害的能力；以农民专业合作社为载体，合理组织农业生产和农村经济活动。近年来，"清江源"科技园区在抓好烟叶主导产业的同时，积极发展设施农业，并取得了一定效果。目前发展的设施农业主要有利用育苗大棚、烤晾房等种植特色蔬菜、瓜果、花卉等，将闲置的烟叶基础设施有效利用起来，增加产出；建设温室大棚，用于观光、休闲旅游，或者展示国内外先进的栽培技术、奇异的蔬果品种，突出设施农业在科技研发、生态观光、生态种植等方面的作用；修建专业的特禽养殖圈舍，建立有机养殖基地，发展有机养殖业。通过摸索和发展，"清江源"科技园区设施农业初步发展起来，并呈现了较好的发展趋势，对于推进农业产业化发挥了重要作用。

2. 科技研发区

科技研发区主要分布在以科技楼为中心的见天坝一带，采用"专家＋公司＋专业合作社＋农民"的技术对接机制，上连市场、中连科技、下连烟农，为科研院所和工业企业的教学实习、技术研发、成果应用提供研究用地，办公及生活便利。科技是"清江源"模式中园区建设、烟草企业营利、农业增效、农民增收的原动力。为负责全州烟叶生产技术管理和烟叶生产科技研发，进行资源循环利用和废弃物回收处理等应用性研究，提高恩施州烟草科技研发能力和烟叶生产水平，依托恩施州烟草专卖局(公司)技术中心形成了集技术研发、科技示范与推广、培训于一体的完善的科技平台，设有现代烟草农业技术研究中心、科技成果转化产业开发区、现代烟草农业技术培训中心三个部分。2009 年，"清江源"科技园区共承担 7 大类、21 个研究专题、35 个示范或试验项目；2010 年，"清江源"科技园区拥有 6 大类、26 个专题、42 个子项目；2009～2010 年，"清江源"科技园区共实施科研示范项目 80 个；2011 年，"清江源"科技园区承担的示范项目范围进一步拓宽，涵盖种植技术、施肥技术、土肥技术、技术推广等多方面。此外，科技示范推广项目的实施对转变山区农民种植习惯和观念作用显著。

3. 烟叶生产示范区

"清江源"科技园区规划种植烟叶 8000 亩，其中，从方家坝沿铁路桥两端开始至何功伟村办公楼，共 50 亩，望城村 500 亩(含白肋烟)、茅坝槽村 2450 亩、龙潭坝村 2000 亩、屯堡乡蒲家垭组 3000 亩。"清江源"科技园区在进行烟叶生产的同时，注意生态保护，严格保护基本农田，培养土壤肥力；减少化学肥料的使用量，加大有机肥施用比例；减少含硫肥料、过磷酸等残留酸性肥料的使用量，并将其逐步淘汰，以防止土壤酸化；杜绝化学农药的使用，加强物理、生物、农业等防治手段，控制病虫害的发生；及时清理地膜，示范推广降解膜，减少"白色污染"。烟草产业为"清江源"科技园区的主要产业，结合科技开发和新技术的应用、示范与推广，在科技园区体现一流的烟叶生产水平和综合管理水平。根据"清江源"科技园区的土地资源状况，结合土地治理和土地流转，合理规划烟叶和农产品种植规模，实现土地的有效轮作，对全州现代烟草农业起到示范引领及带动作用。

4. 其他分区

除上述分区外，"清江源"科技园区还可分为农产品加工区和生态观光区：

①农产品加工区。"清江源"科技园区的加工厂主要包括生物肥料厂、菌种厂、秸秆压块加工厂等。开展烟秆粉碎后作为菌棒、烟秆生物质的循环利用、烟秆生物质秸秆压块烘烤烟叶等低碳生产模式的研究,解决了烟秆及时清理和综合利用问题,有效保护了园区的生态环境。②生态观光区。其主要包括望城长廊、林场一井场公路沿线,重点打造望城长廊、生态鸟语林、高山湿地、花卉盆景园等景点。"清江源"科技园区将旅游业、观光农业及科普教育完美结合在一起,通过观光、会议、住宿、餐饮、娱乐等项目,实现生态农业与生态旅游业的耦合;形成人文与自然和谐统一的生态景观。

3.4 科技园区系统

"清江源"科技园区按照"四大循环"设置产业,核心是实施绿色产品——循环经济的生态保护战略,各个产业之间存在紧密的系统耦合关联。从系统学原理出发可将其分解为如下子系统。

1. 生产系统

"清江源"科技园区的主要产业是种植业,包括烟草种植和蔬菜种植;此外还发展养殖业,养殖业主要是以原生态方式养殖七彩野鸡、美国火鸡、梅花鹿、熊、猕猴、蓝孔雀、红腹锦鸡、相思鸟等。这些产业除了为烟草加工提供原料外,也为旅游业提供有机食品、生态观光产品。同时,烟草秸秆加工后可以作为有机肥返回种植业,也可以作为菌种的培养原料;用有机肥施种优质有机蔬菜,有机蔬菜废弃的叶茎可以作为制造沼气的原料进入能量循环系统。

"清江源"科技园区加工业是对烟草的加工,采用太阳能、风能等方式烘烤烟叶,这些清洁能源在烟草方面的利用能生产出优质有机烟叶,然后销往全国各大品牌卷烟厂,成为品牌卷烟的原料。

"清江源"科技园区正大力发展旅游业,因为它所处地区周围森林覆盖达70%以上,青山绿水环抱,观光点包括望城长廊、特种养殖基地、马家坪高山湿地、智能温室大棚、菌种厂、生物肥料厂、鲜花谷底等。凭借其优越的生态环境和美丽、纯净的游览环境,"清江源"科技园区的旅游业必将给当地经济带来很大效益。

2. 循环系统

"清江源"科技园区内的菌种厂每年可消化利用烟秆 200 吨,生物肥料厂每年可消化利用烟梗、烟秆等 5000 吨,秸秆压块加工厂每年可消化利用烟梗、烟秆等 10 000 吨以上。将烟秆、烟梗这些废弃物回收再加工又可以将它们变成菌种、生物肥料等对农业生产有用的原料，这是资源循环利用的典例，在减少污染的同时又创造了价值。

3. 支持系统

首先，"清江源"科技园区建立了科技中心进行包括烟草种植、菌种培养、废水废弃物回收等方面的研究，培养上述方面的科研团队，为科技园区的技术进步、产业发展提供智力支持。

其次，"清江源"科技园区建立了培训中心，该中心集住宿、餐饮、职工培训、接待参观为一体，为烟草行业参观接待提供住宿，为行业内职工培训提供便利，同时也创造了良好的经济效益，其优质的服务也为科技园区赢得了极佳的声誉。对科技园区的信誉支持能够为其树立良好形象，并形成品牌效应。

最后，"清江源"科技园区野生动物养殖园养殖了梅花鹿、熊、孔雀等大量野生动物，吸引了大量游客参观，成为科技园区一道亮丽的风景线，同时也创造了可喜的经济效益。

第三篇 | 科技创新支撑

在"清江源"科技园区出现之前，由于受山区自然条件限制，恩施州烟草科技项目布点分散，系统性和可持续性不强，同时对外合作交流不集中、效率不高。随着"清江源"科技园区的建立与技术中心的入驻，一个功能齐全、效率更高的集约型研发、示范、推广、合作平台逐步形成。七年多来，"清江源"科技园区围绕"科技兴园"基本理念，依托行业一流的烟叶生产技术中心，借力国内外知名科研机构，创新体制机制，不断加强循环型农业核心技术的研发力度，攻克循环农业中技术难题和节点问题，取得大量自主创新技术成果，有力推动了"清江源"品牌烟叶的发展，支撑了循环农业模式发展。

第 4 章

"清江源"特色优质烟叶品牌

4.1 品牌概述

从 2007 年开始，恩施州烟草专卖局(公司)紧紧围绕"品牌战略发展和特色烟叶开发"这一主题，倾力打造"清江源"特色优质烟叶品牌，2009 年注册了"清江源"富硒特色优质烟叶品牌商标，并获得"恩施州十大特色农业品牌"称号。2008～2011 年，恩施州烟草专卖局(公司)主持的"卷烟品牌导向的'清江源'特色优质烟叶生产体系研究"项目获得中国烟草总公司 2011 年度科技进步二等奖，进一步推动了品牌发展。2012 年，"清江源"品牌烟叶被湖北省人民政府授予"湖北名牌产品"称号，标志着恩施烟草品牌战略实施达到了一个新的高度；同年，"'清江源'生态富硒烟叶生产关键技术研究与应用"项目通过国家烟草专卖局立项，标志着以项目为纽带的新一轮"清江源"品牌推进工作拉开了序幕。

经过多次专家论证，明确了"清江源"烤烟"甜雅香"、白肋烟"香气显著、浓郁醇厚"风格特征和"富硒低害""绿色生态"特色。一是赋予"清江源"烟叶丰富内涵。"清江源"烤烟具有"甜润生津(甜)、清雅飘溢(雅)、留香绵长(香)"的风格特征。"清江源"烤烟甜感突出，富有甜润，无干燥感，具有较明显的甜香风格特点；"清江源"烟叶香味飘溢，口感细腻，幽雅而愉快；"清江源"烤烟的基本香型包括浓透清、浓偏中和中偏浓，以浓透清和浓偏中香型为主，其香味浓馥、沉溢半浓、芬芳优美、厚而留长。"清江源"白肋烟香气风格显著，香气浓郁丰满，烟气细腻，吃味醇和，具有"香气显著、浓郁醇厚"的风格特征。二是开展"清江源"特色优质烟叶生产关键技术研究，如特色烟叶新品种的引进和选育、膜下烟小苗移栽技术、烟区土壤修复关键技术、烟区主要病害发生规律和防控技术，以及低碳循环烟草农业模式等；同时集成"清江源"特色优质烟叶彰显技术，重点推广了土壤改良与测土配方施肥技术、集约化和商品化漂湿育苗技术、推广揭膜培土技术、病虫害综合防治技术、优化灌溉和节水保水技术、成熟采收与烘烤技术、化学抑芽技术等。

恩施州烟草专卖局(公司)通过"清江源"特色优质烟叶品牌建设，基本实现了原料供应基地化、烟叶品质特色化、生产方式现代化，建立了品牌导向型特色优质烟叶原料基地和生产体系，实现了"清江源"品牌与"黄鹤楼""芙蓉王""利群""泰山""都宝""中南海""中华"等知名卷烟品牌的有效对接，"清江源"烟叶进入多个重点骨干品牌的主料配方，在行业内外树立起知名烟叶品牌的良好声誉，有力地推动了原料保障上水平。

4.2　品牌与科技园区

4.2.1　科技园区发展历史代表了"清江源"品牌发展历史

回顾与比较"清江源"科技园区与"清江源"品牌的发展历史，我们可以深刻感受到二者同根同源，发展是紧密联系、互为映衬、共同推进的。从某种意义上来说，"清江源"科技园区的发展见证了"清江源"品牌的发展，科技园区发展史就是"清江源"品牌发展史。

1. 历史背景分析

"清江源"品牌和"清江源"科技园区都是在国家局推动"卷烟上水平"战略背景下孕育、发展和壮大的。在"清江源"品牌诞生之前，恩施州没有一个质量优良、特色鲜明、响亮而独特的烟叶品牌，难以发挥恩施烟叶的品牌优势和"拳头"优势。与此相似，在"清江源"科技园区出现之前，恩施州也没有一个功能齐全、科技含量高的集约型烟草农业示范窗口，难以全方位展示恩施烟叶的独特魅力，不能更好地推动特色优质烟叶开发。"清江源"品牌是在国家烟草专卖局推动特色优质烟叶开发、恩施州实施"质量兴州"战略背景下趁势而上；"清江源"科技园区是在国家烟草专卖局推动现代烟草农业建设、恩施州实施"生态立州"战略背景下应运而生。无论是特色优质烟叶开发，还是现代烟草农业建设，二者是有机统一的，都是走"原料供应基地化，烟叶品质特色化、生产方式现代化"的道路，以实现"卷烟上水平"和"原料保障上水平"目标。

2. 发展阶段分析

"清江源"品牌和"清江源"科技园区均经历了历程相似、时间相近的三个阶段。"清江源"品牌建设大致经历了三个阶段。第一阶段是谋划调研阶段（2006～2007 年），主要开展了考察调研、专家指导、领导审批、制度方案等；第二阶段是推进实施阶段（2008～2009 年），主要开展了品牌定位、科技研发、技术创新、质量管理、组织方式、探索工商共建等；第三阶段是总结论证阶段（2010 年至今），主要开展了工作总结、技术总结、专家论证、持续改进等。"清江源"科技园区建设同样大致经历了勘测规划（2007～2008 年）、推进实施（2008～2010 年）、完善提升（2011 年至今）三个阶段。

3. 发展主题分析

"清江源"品牌和"清江源"科技园区均以"科技"和"现代烟草农业"为发展主题。在"清江源"品牌建设过程中，无处不体现现代烟草农业引领和科技创新的支撑作用。特别是国家烟草专卖局科技司将卷烟品牌导向的生产体系研究与特色优质烟叶开发重大专项融合，在恩施州实施了"卷烟品牌导向'清江源'特色优质烟叶生产体系研究"项目，更是将"清江源"品牌建设以科技重大专项的形式集中体现出来。"清江源"科技园区如同其冠名一样，突出的是"科技"和"现代烟草农业"两大主题。实践证明，"清江源"科技园区已建设成为一个集科技研发、成果转化、教育培训和现代农业于一体的综合性平台与基地。

4.2.2 科技园区是"清江源"特色优质烟叶集中展示的窗口

1. 科技园区代表了清江流域烟区生态特征

"清江源"科技园区位于恩施市西北部，距离市区 10 千米，清江依山而过。科技园区辖望城村、茅坝槽村、蒲家垭组，占地 52 平方千米。区内山峦起伏、高低悬殊，海拔为 900～1500 米；地形复杂多样，以坡地、槽地为主，兼有台地、平坝，具有典型武陵山区山地特色。园区气候温和、热量充足、光照较强、雨量适宜、土壤疏松，极具优质烟叶生长的光、热、水、土、气等自然生态条件。森林覆盖率达到 84%，水源清净、空气清纯、土壤健康，具有优越的绿色生态特征。

2. 科技园区烟叶具有典型的"清江源"品牌烟叶特色

"清江源"科技园区种植烟叶 4000 余亩，田间长相具有典型的山地烟特色，株型清秀，高矮适宜，呈腰鼓或近筒形。烟叶还原糖和总糖的含量偏高，总植物碱含量适宜，糖碱比处于偏高水平；甜感突出，香味甜润优雅、透发性好，烟气丰满成团、留香绵长；具有典型的"清江源"烤烟"甜、雅、香"的风格特征。

3. 科技园区集成与推广了"清江源"特色优质烟叶栽培技术

"清江源"科技园区引进与选育了特色品种；全面集成与推广了漂湿育苗、土壤改良、平衡施肥、地膜覆盖、优化灌溉、生物抑芽等关键技术措施；优化和创新了增温补光、烟秆生物有机肥应用、非化控防治、富硒栽培、散叶烘烤等亮点栽培技术。"清江源"特色优质烟叶栽培技术通过在"清江源"科技园区示范生产、参观学习和技术培训等手段，得以迅速在恩施全州范围内推广，为提高全州烟叶生产水平和推动特色优质烟叶开发起到了示范引领作用。

4.2.3 科技园区有力支撑了"清江源"品牌的发展

1. 科技园区为"清江源"项目开展提供了良好的研发平台

虽然"清江源"项目研究内容多、要求高、层次深、工作量大，但其于 2008 年下半年启动，到 2010 年年底已按照合同总体计划和年度计划全面完成了研究工作内容，达到了预期的目的。正是因为"清江源"科技园区为项目开展提供了一个良好的研发平台，才确保在两年多的时间里保质保量完成研究内容、又好又快地履行了合同计划。"清江源"科技园区是一个开放的研究平台，其成立了专家委员会，并为各技术研究室聘请了首席专家和指导专家。该平台建设为科研院所、工业企业的教学实习、技术研发、成果应用提供了研究用地以及检测分析、办公及生活便利。

2. 科技园区为"清江源"品牌发展提供了体系支撑

"清江源"科技园区为"清江源"品牌发展主要提供了两方面体系支撑：一是技术研发体系。"清江源"科技园区是恩施州烟叶生产及科技研发的主要平台，恩施州烟草专卖局(公司)将国家烟草专卖局、湖北省烟草专卖局(公司)重点项目安排在科技园区，将前沿性、基础性研究集中在科技园区，将先进的技术成果展示在科技园区。恩施州烟草专卖局(公司)技术中心负责恩施州科技研发与管理工作，县市公司技术推广站负责本县市的烟叶生产技术推广、科技示范和技术研发。同时，通过积极加强与行业内外科研院所和湖北、湖南、浙江、山东、安徽等烟草工业企业的交流合作，"清江源"科技园区聘请了国内知名烟草专家作为烟叶生产技术顾问，建立了产学研一体化的有效机制，形成了以我为主、合作开发的技术研发体系。二是教育培训体系。"清江源"科技园区为行业员工、骨干烟农等提供教育培训平台，每年在园区针对性召开各类技术研讨会、技术培训会、学术交流活动等，并以科技园区为中心，形成逐级培训的教育培训体系，全面提升恩施州烟叶从业人员的综合素质。

3. 科技园区是"清江源"品牌技术成果的孵化器

通过项目开展取得一批在行业有重大影响的技术成果，形成具有自主知识产权的核心技术，确保"清江源"烤烟技术研究保持行业先进水平、白肋烟处于行业领先地位。恩施州烟草专卖局(公司)发布了恩施州白肋烟生产综合标准体系、烤烟生产综合标准体系以及"黄鹤楼""芙蓉王""利群""都宝"等 6 个卷烟品牌导向的生产体系；获得了白肋烟多功能可调控晾房、生物质半气化炉、烘烤用流化床烟气炉等 22 项新型实用技术专利，申报了"富硒烟草秸秆有机肥"和"一种烟叶苗期补硒方法"两项发明专利；开发了"清江源"特色优质烟叶开发数据库软件和"清江源"烟草推荐施肥专家咨询系统；开发了烟草秸秆生物有机肥、富硒肥料等系列产品。

4. 科技园区丰富了"清江源"品牌的内涵

与"清江源"品牌相比，"清江源"科技园区是一个集约型、综合性的平台和基地，虽然区域较小，但其表现更加具体，看得见、摸得着；内容更加全面，科技研发、教育培训、观光旅游、新农村建设、有机农业等综合一体，科技、文化以及社会内涵丰富。因此，"清江源"科技园区作为"清江源"品牌的重要组成部分，极大丰富了"清江源"品牌的内涵。

第 5 章

研发与推广

5.1 技术中心

恩施州烟草专卖局(公司)技术中心成立于 2007 年，是行业内较早成立的地市级烟草农业技术中心。随着"清江源"科技园区的建立，该技术中心于 2010 年迁入科技园区，成为科技园区的重要的组成部分。恩施州烟草专卖局(公司)技术中心在科技园区拥有优越的"烟室合一"的研发环境，室内以一座功能齐全、设施先进的科研楼为平台，进行办公、学习、交流和实验等；室外以环绕科技楼、具备恩施烟区特征的基本烟田为基地，从事田间试验、技术集成推广和成果转化等。

恩施州烟草专卖局(公司)技术中心现有人员 16 人，其中博士后 1 人、博士 3 人、硕士 9 人；与行业内外科研院所和湖北、湖南、浙江、山东、安徽等中烟工业公司紧密合作，构建了以博、硕为主的专业研发队伍和产学研合作交流的科技创新团队。其拥有 400 平方米现代化实验室和 1000 平方米试验温室，实验室由烟叶化学成分检测室、土壤养分检测室、生物技术实验室、土壤微量元素(重金属)检测室等几部分组成，配有液质联用、气质联用、烟草连续流动分析仪等价值 1000 多万元的仪器设备，具有合作开展烟叶生理生化指标测定、叶片组织结构观测等方面的条件，特别在硒形态、价态检测上处于国内领先水平。试验温室拥有内外遮阳、喷(滴)灌、降温除湿、补光以及管道供热等自动化控制系统，为全天候开展各类科学研究提供了较为完善的条件。2012 年，恩施州烟草专卖局(公司)积极参与国家烟草专卖局组织的创建行业地市(级)烟草农业技术中心认定工作,通过不断完善软硬件设施、提升研发水平和加大人才培养力度,恩施州烟草专卖局(公司)技术中心已具备一流的行业农业技术中心实力。其在国家烟草专卖局科技司组织的评定工作中,取得了"总分第一、全票通过"的成绩,成为首批行业认定的烟叶生产技术中心之一。

5.2　试验研究

恩施州烟草专卖局(公司)技术中心重点围绕以下领域开展研究工作:

(1)烟草栽培领域:"清江源"特色优质烟叶栽培技术研究;烟叶栽培关键性技术难题攻关;植烟土壤修复与保育技术研究。

(2)烟草遗传育种领域:恩施州烤烟、白肋烟、晾晒烟资源收集、保存和鉴定;优质新品种引进、筛选及配套栽培技术推广;"清江源"特色新品种选育。

(3)生物技术领域:筛选优势菌株,开展土壤修复及病虫害防治;筛选发酵菌、解硒菌,用于秸秆生物有机肥、富硒肥料等的生产;通过菌株选育、驯化开发适于烟叶生产的微生物农药。

(4)烟草植保领域:烟草病虫害发生规律及预警体系建设;建立病虫害综合防治技术体系;"无公害"烟叶生产技术研究。

(5)烟叶调制技术领域:针对烟叶烘烤、晾制环节,重点开展烤烟散叶烘烤、白肋烟工厂化晾制、烤晾房改造等关键技术研究,提高烟叶烘烤调制水平。

(6)特色硒领域:富硒烟叶功能研究;硒特色彰显技术研究;研究与开发解硒微生物、富硒生物有机肥、富硒苗肥等产品,形成相应工艺流程及应用技术标准。

(7)现代烟草农业领域:积极探索"三位一体"的生产经营模式,持续提升现代烟草农业建设水平;现代烟草农业模式下烟叶质量风格特征的变化情况;卷烟品牌原料需求与基地单元建设研究;循环农业模式探索与技术创新。

5.3　项目带动

恩施州烟草专卖局(公司)大力实施项目带动战略,2007~2012 年,其共承担和参与了各类烟叶科技项目 127 项(国家烟草专卖局项目 22 项、湖北省烟草专卖局(公司)项目 45 项、自主研发项目 60 项),其中主持并完成国家烟草专卖局项目 4 项,部分重点科技项目参见表 5-1。

表 5-1　部分重点科技项目

序号	项目名称	实施年限	项目类别	备注
1	卷烟品牌导向的"清江源"特色优质烟叶生产体系研究	2008～2011	国家局重点项目	中国烟草总公司科技进步二等奖
2	恩施州国家级烟叶标准化生产示范区建设	2006～2011	国家局重点项目	国家级优秀示范区
3	白肋烟系列新品种选育与应用	2008～2011	国家局重点项目	湖北省人民政府科技进步二等奖
4	恩施优质烟叶(烤烟和白肋烟)生产科技示范基地建设	2005～2008	国家局重点项目	湖北省烟草公司科技进步二等奖
5	烟草种子渗透调节机理研究	2007～2008	省局重点项目	湖北省人民政府科技进步二等奖
6	烟区土壤肥力评价及烟草营养调控技术研究与应用	2008～2010	省局重点项目	湖北省人民政府科技进步三等奖
7	"清江源"生态富硒特色烟叶生产关键技术研究与应用	2013～2015	国家局重点项目	在研
8	土地整治区烤烟配套栽培技术规范制订	2013～2014	国家局标准化修订项目	结题
9	恩施烟区白肋烟品质差异的生理生态机理及调控技术研究	2011～2013	国家局面上项目	在研
10	中间香型特色优质烟叶开发	2011～2015	国家局重大专项	在研
11	烟草秸秆生物有机肥研究与开发	2013～2015	省局重大专项	在研
12	低危害烟叶开发	2011～2015	国家局重大专项	在研
13	烤烟精准施肥系统开发与应用	2012～2013	省局重点项目	结题
14	烟草青枯病病原菌生物学特性及综合防控技术研究与示范	2013～2015	省局重点项目	在研
15	异色瓢虫的人工饲养及其田间释放技术研究	2013～2014	省局重点项目	结题
16	"清江源"烟叶减害降焦的农业关键技术研究与应用	2011～2013	省局重大专项	结题
17	调控烟草打顶后库源关系提高上部叶可用性研究	2011～2013	省局面上项目	结题
18	烤烟散叶堆积烘烤设备及配套烘烤工艺研究	2011～2012	省局面上项目	湖北省烟草公司科技进步二等奖
19	恩施地区硒资源开发及其在烟叶中的应用研究	2012～2015	州局重点项目	在研
20	恩施烟区植烟土壤修复技术研究与示范	2012～2015	州局重点项目	在研

注：国家局指国家烟草专卖局；省局指湖北省烟草专卖局(公司)；州局指恩施州烟草专卖局(公司)

5.4 成果转化

　　恩施州烟草专卖局(公司)积极开展科技成果转化，将烟叶生产科研成果转化为实用生产技术，2007～2013 年，有 50 余项科技成果得到转化，其中推广面积万亩以上的有 20 项、10 万亩以上的有 11 项、100 万亩以上的有 3 项，部分科技成果转化应用情况见表 5-2。土壤生态保护、精准平衡施肥技术、土地整治等研究对促进大农业可持续发展具有可借鉴之处。

表 5-2　部分科技成果转化应用情况

序号	成果名称	应用推广情况
1	环保型育苗基质	2008～2014 年，累计推广面积 160 万亩
2	烟草秸秆生物有机肥	年生产规模 3 万吨，2011～2014 年，累计推广面积 130 万亩
3	增温补光培育壮苗技术	2012～2014 年，累计推广面积 30 万亩
4	烟叶"三先"栽培技术	2000～2014 年，累计推广面积 400 万亩
5	烟叶标准化生产技术	2006～2014 年，累计推广面积 380 万亩
6	绿肥种植	2008～2014 年，累计推广面积 60 万亩
7	白肋烟系列新品种推广	2009～2014 年，累计推广面积 25 万亩
8	精准施肥技术	2012～2014 年，累计推广面积 40 万亩
9	富硒特色彰显技术	开发了富硒肥系列产品，2012～2014 年，累计推广面积 15 万亩
10	白肋烟可调控晾制技术	2010～2014 年，累计推广面积 20 万亩
11	立体育苗技术	2010～2014 年，累计推广面积 10 万亩
12	散叶烘烤技术	2011～2014 年，累计推广面积 6 万亩
13	生物质半气化炉	开发生物质半气化炉，2010～2014 年，累计推广面积 3 万亩
14	降低烟叶 TSNAs 减害剂	2012～2014 年，累计推广面积 3 万亩
15	土地整治区土壤修复及栽培技术	2011～2014 年，累计推广面积 20 万亩

TSNAs：tobacco specific nitrosamines，即烟草特有亚硝胺

5.5　技术推广

　　加快烟叶生产实用技术推广步伐，实现 100% 推行漂湿育苗、100% 开展测土配方施肥、100% 推广使用硝酸钾、100% 推广使用生物有机肥、100% 推广使用腐熟农家肥陪嫁土、100% 推广上部叶一次性采烤和 70% 实行地膜烟技术。恩施州白肋烟和烤烟分别被国家烟草专卖局列为第五批和第六批标准化生产示范区，标准化种植面积达到 100%。

第 6 章

创新体系

6.1 组织体系

恩施州烟草专卖局(公司)成立科技创新委员会和技术中心建设工作领导小组，由主要领导任委员会主任和领导小组组长，分管领导任副主任和副组长。科技创新委员会下设专家委员会，技术中心在专家委员会指导下开展工作。技术中心下设栽培技术、遗传育种、生物技术、植物保护、调制技术、特色硒开发 6 个研究室和 1 个检测分析室、1 个项目管理办公室(图 6-1)。各研究室确定相应学科带头人，聘请行业内外知名专家作为指导专家。完善"技术中心—技术服务站"结构体系，技术中心负责全州科技研发与管理，技术服务站负责本区域技术推广与示范。构建以"清江源"科技园区为平台，以技术中心和技术服务站为主体，以科研院所和工业企业技术中心为依托的技术研发、推广体系，形成"核心示范—周边带动—广泛辐射"的示范推广格局。

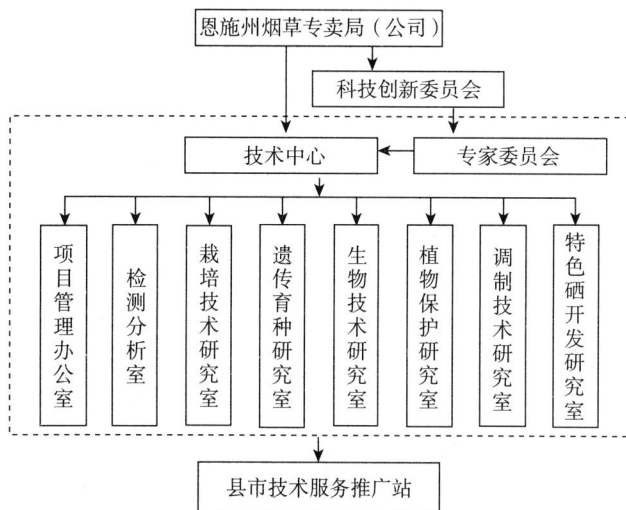

图 6-1 创新组织体系

6.2 创新机制

激励机制：恩施州烟草专卖局(公司)率先在湖北省开展专业技术职务的评聘工作，打通科技人才的成长通道。其建立了创新成果奖励制度，出台了《科技创新工作奖励办法》。

考评机制：恩施州烟草专卖局(公司)加强创新能力考核，出台《恩施州创新工作实施意见》《恩施州创新工作考核管理办法》等。

管理机制：恩施州烟草专卖局(公司)强化科技项目"六制"管理，即实行项目开题报告制、立项评审制、过程检查制、考核评估制、绩效挂钩制和资金监管制。

人才机制：恩施州烟草专卖局(公司)坚持引进和培养相结合，近年来引进本科以上学历人员 146 人，其中硕士 61 人；培养 4 名博士、11 名硕士，培养高级农艺师 4 人、农艺师 15 人；制定了《科技人才管理办法》，保持科技研发队伍稳定、健康发展。

"六个一"创新活动：恩施州烟草专卖局(公司)积极开展"六个一"群众性创新活动，即"提出一条合理化建议、学习一门新技术、革新一项传统技术、取得一项新发明、发表一篇小论文(或文章)、应用转化一项新成果"。恩施州烟草专卖局(公司)注重解决生产经营活动中存在的主要问题，建立开展群众性的创新活动长效管理与激励机制，对在生产经营活动中带来良好经济效益的技术、成果或建议给予经费支持，形成行业"学本领、练技能"的良好风气。

6.3 合作交流

   "清江源"科技园区为开放的研究平台,技术中心建立了开放式运行机制。恩施州烟草专卖局(公司)广泛吸纳先进技术团队,充分利用其优势资源,提高技术中心的研究开发能力和水平。恩施州烟草专卖局(公司)先后与中国农业科学院烟草研究所、湖北民族学院、湖北省农业科学院等单位签订了战略合作协议;与河南农业大学、中国烟草总公司郑州烟草研究院、华中农业大学等单位建立了紧密的技术合作关系;与行业内外13家科研单位联合开展了14个重点科技项目攻关。成立了"清江源"科技园区专家委员会,聘请沈寅初院士等18位行业内外知名专家为首席专家;通过召开首席专家年会、年度技术研讨会、学术报告会、项目论证会等,加强专家对恩施烟叶发展的指导力度,研讨生产科研中出现的问题,介绍新方法、新技术及相应领域的最新进展、科研动态等。2012年,恩施州烟草公司·华中农业大学博士后创新实践基地和恩施州烟草公司·湖北省细胞生物学会专家工作站在"清江源"科技园区揭牌成立,标志着恩施州公司学术交流迈向新的更高的水平。同时,恩施州烟草专卖局(公司)通过积极加强与湖北、湖南、浙江、山东、安徽等烟草工业企业的交流与合作,联合开展满足品牌需求的科研项目,建立了产学研一体化的有效机制,形成了以我为主、合作开发的技术研发体系(图6-2)。

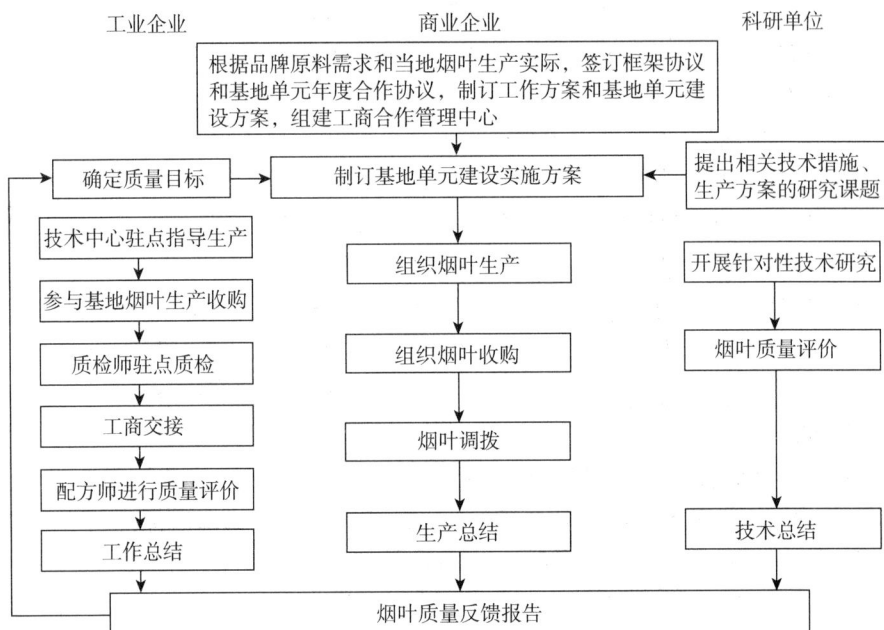

图 6-2   工商研合作体系

第四篇 | 循环经济实践

"清江源"科技园区以生态保护为根本，以科技研发为支撑，以有机农业开发为抓手，全面推进循环经济园区建设。恩施州烟草专卖局(公司)结合科技园区的现状，建立了科技园区农业经济循环的三大主线。

(1)生态循环主线。森林保护—植物生产—动物转化—微生物还原循环系统完整。森林保护(经济林的种植和采伐)、植物生产系统(种植业)、动物转化系统(养殖业、加工业、旅游业)、微生物还原系统(污水处理、沼气发酵、净化湖塘)前后衔接，实现了物质循环和能量的多级利用，为"清江源"科技园区发展提供了物质基础。

(2)有机食品主线。农田、大棚有机农产品—作坊有机食品—餐桌有机食品品种系列丰富。从有机烟叶生产(包括有机卷烟制品)到供给"清江源"科技园区内和外界市场的粮、菜、肉、蛋、奶等，形成有机食品的发展主线，并且将有机食品的品种系列化、加工深度化、应用广泛化，为科技园区提供经济源泉。

(3)生态农业旅游主线。生态农家乐—生态农业观光旅游—生态循环农业旅游—科普教育、培训项目特色鲜明。将旅游业、观光农业以及科普教育完美结合在一起，通过观光、会议、住宿、餐饮、娱乐等项目，创造"农游合一"的综合效益，为"清江源"科技园区提供符合时代需求的持续动力。

第7章

烟草秸秆生物质的循环利用

烟草秸秆生物有机肥的研制与应用

7.1.1　背景

当前我国种植业持续高产过程中形成的废弃物种类繁多、数量巨大，其中秸秆资源总量达 7 亿吨以上，经过综合技术处理后实现利用的约为 1600 万吨，仅占总量的 2.3%。全国约 23%的秸秆被露天焚烧，造成严重的环境污染和巨大的资源浪费(每燃烧 100 万吨秸秆约损失自然肥力 5 万吨)。秸秆具有分布广、数量大、难处理等特点，虽然目前秸秆利用的成熟技术和方法较多，如秸秆能源利用技术、秸秆肥料利用技术、秸秆饲料利用技术以及秸秆工业原料利用技术等，但还没有形成高效的循环利用模式和技术体系，很多产业的发展速度慢、技术水平低，难以形成规模化的种植业可再生资源产业链，影响了人们对秸秆科学处理和循环利用的积极性，使得秸秆的实际利用率还不足 50%。秸秆综合利用能实现低耗能、低排放和高效率的目标，是我国发展循环农业的重要组成部分。秸秆综合利用不仅是国民经济和社会可持续发展的需要，也是农业资源，尤其是土地有机能投入短缺、土壤质量退化、能源短缺等严峻形势决定的。

目前，秸秆循环利用主要集中在以下几个方面。

1. 秸秆肥料化利用

秸秆中含有碳、氮、磷、钾及各种微量元素，通常来讲，秸秆作为有机肥料还田后，可以使作物秸秆富集的大量营养元素回归土壤之中，不仅可以促进作物增产，而且可以固碳减排，培肥土壤，促进农业可持续发展。秸秆肥料化包括秸秆直接还田、间接还田等利用方式，通过集成秸秆还田机械、生物制剂开发等关键技术，秸秆肥料化利用取得了较好的效果。

2. 秸秆饲料化利用

秸秆不仅是很好的有机肥源，而且是草食畜禽重要的饲料来源。农作物秸秆的主要成分是纤维素物质和少量的粗蛋白、粗脂肪及粗灰分。粗灰分的主要成分是硅酸盐，秸秆中本来数量很少的矿物质元素与硅酸盐等结合在一起，很难被动物利用。而且秸秆中的粗纤维细长且坚韧，特别是木质素坚硬粗糙，致使秸秆适口性差、采食量低，秸秆的这种特殊结构使其营养物质的利用率受到限制，直接饲喂给家畜的效果很差。但如果对其进行适当、合理的加工调制，可使其利用率、适口性、采食量增加，提高饲喂效果。秸秆饲料加工处理的方法大体分为化学法、物理法和生物技术法等，生物技术法在目前和未来均是一种有效的处理方法。

3. 秸秆能源化利用

秸秆能源化主要包括秸秆气化集中供气技术、秸秆直接供热技术、秸秆发酵制沼技术、秸秆发电技术等。秸秆普遍都具有疏松、密度小、单位体积的热值低等缺点，直接作为燃料使用不方便、效果差。所以要想充分利用秸秆生物质能源，就要大力发展秸秆固化和气化技术。秸秆气化技术是一种在气化装置内不完全燃烧秸秆以获得热值的燃气供给技术，气化后的产物是一氧化碳（CO）和烃、烷等有机可燃气体，燃烧后无尘、无烟、无污染。秸秆气化经济方便、干净卫生，但是在实际应用中依然存在投资成本偏高、燃气热值偏低等一系列问题。目前，全国已有多处秸秆气化集中供气示范点，但仍有待技术集成与推广应用。秸秆发酵制沼技术在中国具有悠久的历史，秸秆既可以被直接投入沼气池进行充分发酵，又可以作为牲畜饲料，从而转化成粪便放入沼气池。目前，由于技术及装备制约，特别是产气量低、维护费用成本高等问题，影响了秸秆被直接作为原料发酵产生沼气，对于秸秆发酵制沼技术还需要进行系统研发与集成。随着能源结构的调整，秸秆发电技术已广泛应用，我国生物质燃料发电主要集中在南方地区的糖厂。2013 年我国广东和广西两省共有小型生物质能发电机组 300 余台，总装机容量超过了 80 万千瓦；而在云南，已经出现了一些利用甘蔗渣发电的企业。当前，秸秆发电还需要通过大量关键技术的研发、创新以及工艺的优化集成。

4. 秸秆原料化利用

利用秸秆作为工业原料主要包括造纸及生产板材、膜材料、塑料、包装材料、酶制品、生化制品等。秸秆含有丰富的纤维素和木质素等有机物，是栽培食用菌的好基料。据统计，2011 年食用菌总产量 2571.7 万吨，如果按照基料和食用菌 1∶1 的比例进行推算，秸秆使用量将超过 2000 万吨，所以秸秆作为食用菌栽培基料的利用潜力也很巨大。

恩施州常年烟叶种植面积约 60 万亩，年产生烟草秸秆(约含 40％水分)约 75 000 吨，置于田间地头或直接返田都将为下一季烟叶生产带来生产环境污染和严重病虫害威胁。目前国内外对烟草秸秆生物质的研究与应用主要集中在以下几个方面：一是利用烟草秸秆制造纤维板、刨花板等；二是利用烟草秸秆制取活性炭；三是利用烟草秸秆提取果胶；四是利用烟草秸秆提取烟碱、烟酸等；五是利用烟草秸秆生产生物有机肥。例如，昆明理工大学利用烟草秸秆为原料生产活性炭；云南保山市烟草公司和保山佳能生物科技有限公司联手生产加工以烟草秸秆、紫茎泽兰及农作物秸秆为原料的生物质燃料等；朱大恒等于 1998 年研究了利用烟草秸秆生产生物有机肥的方法，并申请了专利(申请专利号 98106838)；福建农林大学于 2007 年研制出烟草秸秆堆肥的方法及产品，并申请了专利(申请专利号 200710109365)；2011 年，国家知识产权局公开了由中国烟草总公司湖北省公司申请的发明专利——"一种生物有机肥发酵菌种的制备方法"，该发明提出了一种烟草秸秆生物有机肥发酵菌种短杆菌 D1 和解淀粉芽孢杆菌 S4，它们是在高温重烟碱条件下从烟草秸秆中分离筛选出的，能够在烟碱存在的条件下生存，经培养和扩繁后，加入废弃的烟草秸秆混合物中，在自然条件下进行固态发酵，将烟草秸秆废弃物转化为烟草秸秆生物有机肥。

7.1.2　循环利用情况介绍

烟叶采收结束后，从烟田中收集干燥的烟草秸秆；将收集的烟草秸秆生物质按规定参数粉碎；将烟草秸秆生物质粉碎物高温消毒，添加发酵菌进行发酵；对生物有机肥初级产品有针对性地添加中微量元素、功能菌剂等，制造成型烟草秸秆生物有机肥产品；将烟草秸秆生物有机肥成品应用到烟叶生产中去(图 7-1)。

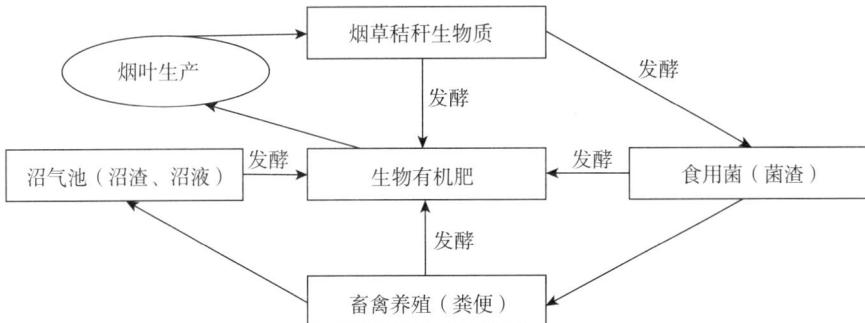

图 7-1　"烟草秸秆生物质－生物有机肥"循环利用

7.1.3　主要研究内容

1. 菌株筛选

1）降解菌株筛选

由于烟草秸秆中纤维素、半纤维素和木质素含量均较高，因此很多烟草秸秆腐熟菌剂的筛选都是以对纤维素和木质素的降解能力作为指标。经过筛选，得到13株高效烟草秸秆降解菌，其中细菌6株、霉菌4株、放线菌3株。

2）功能菌株筛选

采用难溶性磷为唯一磷源，在液体培养基中检测可溶性磷含量以验证其真实的解磷能力。分别以磷酸钙($Ca_3(PO_4)_2$)和植酸钙为唯一磷源，选取解磷量最高的菌株，考察其在液体培养基中的解磷特征，最终筛选出1株高效解磷菌。

采用双重平板测定法得到一株功能菌为 *Bacillus Laterosporus*，其对真菌病原菌，如烟草黑胫病有显著抑制效果，可作为一种潜在的生防菌。

3）菌株配伍优化

对筛选出的13株烟草秸秆降解菌作拮抗性试验，不产生拮抗现象的菌株有10株，即4株细菌、2株放线菌和4株霉菌。然后将不产生拮抗现象的菌株进行正交组合试验，得到较优的微生物组合，即3株细菌、2株霉菌。3株细菌分别为龙舌兰芽孢杆菌(*Bacillus tequilensis*)、枯草芽孢杆菌(*Bacillus subtilis*)、嗜烟碱节杆菌(*Arthrobacter nicotinovorans*)，2株霉菌均为黑曲霉(*Aspergillus niger*)。再与功能菌株联合使用，就得到复合微生物功能菌剂。

2. 发酵工艺研究

对菌株活化、扩大培养、发酵条件进行了单因素优化和正交优化，确定了适宜的烟草秸秆生物有机肥腐熟功能菌株发酵工艺。

（1）菌株活化。取保藏的菌株于各自对应的培养基中活化，适宜培养至各菌株的对数生长期。

（2）扩大培养。将活化后的各菌株在其对数期转接于装有100毫升相应培养液的500毫升三角瓶中，在各自适宜温度下，180转/分摇床培养至各自的稳定期后期。

（3）发酵条件。摇瓶发酵：种龄12小时，接种量2%，温度37℃，转速180转/分，发酵时间12小时。

200升发酵罐发酵：种龄12小时，接种量2%，温度37℃，转速200～500转/分，溶氧0.4立方米/小时，pH 7.0，发酵时间24小时。

3. 生产工艺研究

1）生产工艺优化

在发酵、腐熟过程中，原料的水分、C/N(即碳氮比)值、温度等的调节及腐熟菌剂的使用是生产工艺的关键，特别是腐熟菌剂的使用直接影响着发酵的周期及腐熟程度。因此在分离筛选、培育出高效优势菌种后，确定了适宜的原料水分，调节 C/N 值，以及腐熟菌剂接种量、发酵方式方法、翻堆次数和时间等，制定出了详细的生产工艺流程。发酵方式为条垛式发酵，发酵物料含水量约 60％，C/N 控制在 25∶1，最佳菌液量为 0.5％～1％。自然发酵过程中，每隔 10 天翻堆一次，周期为 30～40 天。

2）产品腐熟度评价

在堆肥过程中由于大量微生物的作用，堆体会经历 4 个时期，即升温期、高温期、降温期、腐熟期，测定堆肥过程中各种理化性状的变化（温度、pH 值、含水量、全碳、全氮、铵态氮、硝态氮），对堆体进行腐熟度评价，根据相关性分析，最终建立烟草秸秆生物有机肥腐熟度评价指标。

（1）在颜色和气味上，腐熟后肥料的颜色应为深褐色，没有恶臭；

（2）在酸碱性方面，腐熟后肥料近中性，pH 值为 6.5～8.5；

（3）在化学方面，腐熟后肥料成分稳定，在含水量为 30％、温度为 35℃ 以下时不自动升温；

（4）在蛔虫卵死亡率方面，符合 NY884—2012（生物有机肥）标准；

（5）在粪大肠菌群方面，符合 NY884—2012（生物有机肥）标准；

（6）在重金属（砷、镉、铅、铬和汞）方面，符合 NY884—2012（生物有机肥）标准。

4. 安全性研究

1）携带病源检测

烟草秸秆是生产生物有机肥的原料，因此了解烟草秸秆上病毒、真菌和细菌类别，尤其是致病菌种类，对采取相应的处理措施、生产工艺的优化和烟草秸秆生物有机肥的安全应用具有重要意义。

选用 4 种病毒商品抗血清（TMV、CMV、PVX 和 PVY），应用 ELISA（enzyme-linked immuno sorbent assay，即酶联免疫吸附剂测定）免疫学方法，不论是烟草秸秆原料还是成品肥，在 100～110℃ 高温环境下处理 10 分钟的样品中均呈现阴性反应，未检测到病毒。盆栽传毒试验结果表明，消毒成品肥料未发现病毒病植株，说明经布菌、发酵和高温消毒后的烟草秸秆生物有机肥产品在生产上应用是安全的。可以通过 DAS-ELISA 或 RT-PCR 等方法[①]确定病毒种类。

烟草青枯病是由青枯雷尔氏菌（*Ralstonia solanacearum* E. F. Smith）引起的以土壤传播为主的细菌病害，该病分布范围广、危害大，成为烟草生产上的一大毁灭性

---

① 此处的 DAS，指 double antibody sandwich method，即双抗体夹心法；PCR，指 polymerase chain reaction，即聚酶链反应；RT-PCR，指 reverse transcription PCR，即反转录 PCR。

病害，给烟草生产带来巨大损失。根据 *R. solacearum* strain egl 基因部分序列设计特异性引物 RS-1/RS-2，通过引物的特异性验证和引物灵敏度测试，发现仅 *R. solanacearum* 基因组 DNA（deoxyribo nucleic acid，即脱氧核糖核酸）能扩增出 290bp（base pair，即碱基对）的特异性条带，表明该特异性引物能够区别烟草青枯病菌与其他烟草病原菌；该引物对 *R. solanacearum* 基因组 DNA 检测的灵敏度为 100 飞克/微升。因此，此特异性引物可以用于烟草组织内青枯病菌的分子检测及病害的早期诊断，便于区分青枯病菌和黑胫病菌引起的病株，同时，结合传统的组织分离法，可以较为准确地检测到烟草青枯病菌。

烟草枯萎病又名镰刀菌枯萎病或镰刀菌蔫萎病、镰孢菌根腐病，是由尖孢镰刀菌烟草专化型（*Fusarium oxysporum f. sp. nicoticmae*）侵染而引起维管束坏死的一种毁灭性真菌病害和典型的土传病害。通过对 rDNA（即核糖体 DNA）的内源转录间隔区（internally transcribed spacer，ITS）进行 PCR 及测序后，可以对枯萎病病原菌进行快速诊断和检测。

2）重金属检测

烟草秸秆生物有机肥的砷、镉、铅、铬、汞等重金属含量都远远低于国家生物有机肥标准规定范围，说明烟草秸秆生物有机肥在生产上应用是安全可靠的（表 7-1）。

表 7-1　烟草秸秆生物有机肥重金属含量　　　　单位：毫克/千克

有机肥种类	砷	镉	铅	铬	汞
烟草秸秆生物有机肥	3	1	10	1	0
国家标准（NY884—2012）	≤15	≤3	≤50	≤150	≤2

5. 烟草秸秆生物有机肥在烟叶生产上的应用研究

1）对烟叶生长发育和产量的影响

烟草秸秆生物有机肥对烟叶生长发育和产量的影响研究结果表明，烟草秸秆生物有机肥替代 50％化肥，烟株的各项农艺性状表现良好（表 7-2），田间长势较好，能够获得产量与上中等烟比例的协调平衡，实现最佳的经济效益（表 7-3），因此烟草秸秆生物有机肥在烟叶生产中具有较大的推广应用价值。

表 7-2　烟草秸秆生物有机肥不同配比对烟叶团棵期和旺长期农艺性状的影响

时期	处理	株高/厘米	叶长/厘米	叶宽/厘米	茎围/厘米	节距/厘米	叶片数/片
	对照(纯化肥)	44.6	57.2	30.7	6.6	12.7	12.2
	30%替代	44.7	57.5	29.3	6.5	12.8	12.2
团棵期	50%替代	45.3	59.5	30.3	6.6	13.2	12.5
	70%替代	44.0	56.9	29.0	6.6	12.3	12.3
	100%替代	44.8	56.5	29.2	6.5	12.6	12.0

续表

时期	处理	株高/厘米	叶长/厘米	叶宽/厘米	茎围/厘米	节距/厘米	叶片数/片
旺长期	对照(纯化肥)	112.8	75.9	31.3	9.5	20.8	20.4
	30%替代	115.0	75.9	29.8	9.3	19.9	19.8
	50%替代	122.5	75.1	30.9	9.3	21.2	20.2
	70%替代	115.1	72.7	31.5	9.1	20.4	20.0
	100%替代	115.0	73.4	29.4	9.3	18.5	20.1

表 7-3　施用烟草秸秆生物有机肥对烟叶产量和产值的影响

处理	产量/(千克/亩)	产值/(元/亩)	均价/(元/千克)	上中等烟比例/%
对照(纯化肥)	228.23	2798.82	12.34	68
30%替代	287.23	3260.56	11.36	62
50%替代	257.55	3298.55	12.89	70
70%替代	242.79	3088.47	13.61	69
100%替代	241.00	2461.03	10.53	50

2)对植烟土壤理化性状的影响

施用烟草秸秆生物有机肥可以降低容重,增加土壤透气度;同时可以增加土壤自然含水量和田间持水量,满足烟叶的需水量,有利于烟叶生长(表 7-4)。

表 7-4　施用烟草秸秆生物有机肥对土壤容重和持水量的影响

测试项目	容重/(克/立方厘米)	自然含水量/(克/千克)	田间持水量/%
对照(三年施用复合肥)	1.38	1141.1	23
处理(三年施用烟草秸秆生物有机肥)	1.33	1160.0	24

施用烟草秸秆生物有机肥,能为烟株生长提供充足的氮,提高土壤中速效磷、速效钾、交换性镁含量,可以显著提高土壤交换性钙含量(表 7-5)。

表 7-5　烟叶采收后土壤养分含量变化　　　单位:毫克/千克

处理	碱解氮	速效磷	速效钾	交换性钙	交换性镁
对照(纯化肥)	260.44	51.87	362.29	985.94	138.32
30%替代	91.56	62.25	391.57	1131.37	157.34

3)对植烟土壤微生物数量的影响

随着烟叶生育期的推进,植烟土壤细菌数量表现出一定的变化趋势,且因施肥处理的不同而表现各异。在试验期间的 6 月 15 日、7 月 4 日和 7 月 18 日,随着烟草秸秆生物有机肥施用量的增加,植烟土壤细菌数量呈现逐渐升高的趋势;8 月 4 日时,各施肥处理植烟土壤细菌数量呈现先升高后降低的趋势,最高值出现在烟草秸秆生物有机肥 50%替代处理时(表 7-6)。

表 7-6 施用烟草秸秆生物有机肥对植烟土壤细菌数量(每克干土 10^5 个)的影响

处理	6 月 15 日	7 月 4 日	7 月 18 日	8 月 4 日
对照(纯化肥)	191	568	283	1272
30%替代	505	2042	597	802
50%替代	2515	1088	624	2926
70%替代	298	484	509	583
100%替代	2330	2292	655	1056

随着烟叶生育期的临近,植烟土壤放线菌数量表现出一定的变化趋势,且因施肥处理的不同而表现各异。在 6 月 15 日时,随着烟草秸秆生物有机肥施用量的增加,植烟土壤放线菌数量呈现逐渐降低的趋势。7 月 4 日时,随着烟草秸秆生物有机肥施用量的增加,植烟土壤放线菌数量呈现升高趋势,最高值出现在烟草秸秆生物有机肥 100%替代处理时。7 月 18 日时,随着烟草秸秆生物有机肥施用量的增加,土壤放线菌数量呈现先升高后降低再升高的复杂趋势。8 月 4 日时,随着烟草秸秆生物有机肥施用量的增加,土壤放线菌数量呈现先降低后升高再降低的复杂趋势(表 7-7)。

表 7-7 施用烟草秸秆生物有机肥对植烟土壤放线菌数量(每克干土 10^3 个)的影响

处理	6 月 15 日	7 月 4 日	7 月 18 日	8 月 4 日
对照(纯化肥)	393	331	292	969
30%替代	257	255	347	252
50%替代	386	385	307	408
70%替代	338	576	301	515
100%替代	300	587	374	229

4)对烟叶品质的影响

施用烟草秸秆生物有机肥后,烟叶内在化学成分发生了变化,烟碱含量有所下降,总糖含量大幅上升,还原糖含量小幅下降,糖碱比和总氮含量基本不变(图 7-2)。

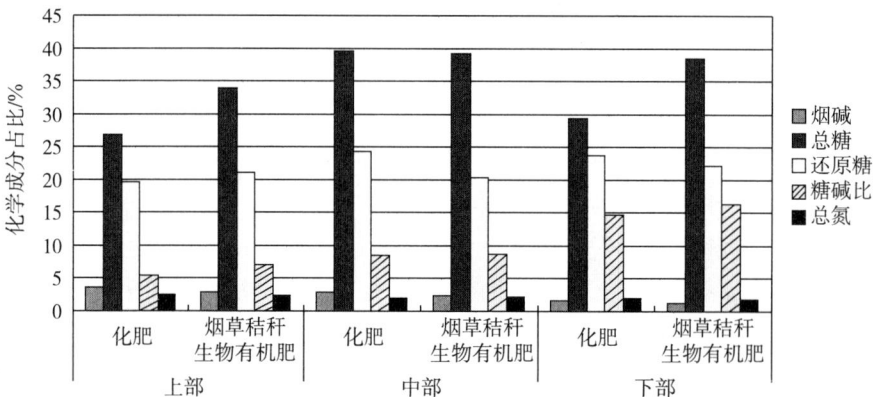

图 7-2 烟草秸秆生物有机肥对烟叶内在化学成分的影响

施用烟草秸秆生物有机肥后，烟叶香气质得到改善，香气量增加，余味更加舒适，杂气减轻，刺激性减轻，评吸综合得分较对照有所提高（表7-8）。

表7-8　烟草秸秆生物有机肥对中部烟叶评吸质量的影响

处理	香型	劲头	浓度	香气质	香气量	余味	杂气	刺激性	燃烧性	灰色	总分	质量档次
对照	中偏浓	适中	中等＋	10.83	16.08	18.58	12.58	8.50	3.42	3.08	73.07	中等＋
30%替代	浓偏中	适中	中等＋	11.17	16.25	19.08	13.00	8.83	3.42	3.00	74.75	中等＋

7.1.4　产业发展

2008年起，恩施州烟草专卖局（公司）承担了湖北省烟草专卖局（公司）科技重点项目，在"清江源"科技园区开展烟草秸秆生物有机肥研究，即充分利用回收的烟草秸秆，进行加工发酵，添加生物活性菌，生产烟草秸秆生物有机肥。

2011年，恩施州烟草专卖局（公司）在"清江源"科技园区建成了烟草秸秆生物肥中试生产线，该中试生产线年生产能力设计为6000吨，包括2500平方米的发酵车间、1000平方米的原材料和成品仓库、80平方米的菌种制备车间、50平方米的检验检测室。在生产线上配备粉碎设备、菌种生产设备、翻堆机、滚筒式高温灭菌烘干设备、装卸设备、混合配比称重包装设备和产品检测设备等。按照连续生产方式操作，该生产线每月生产量可达到500吨。

1. 技术路线

烟草秸秆生物有机肥生产技术路线如图7-3所示。

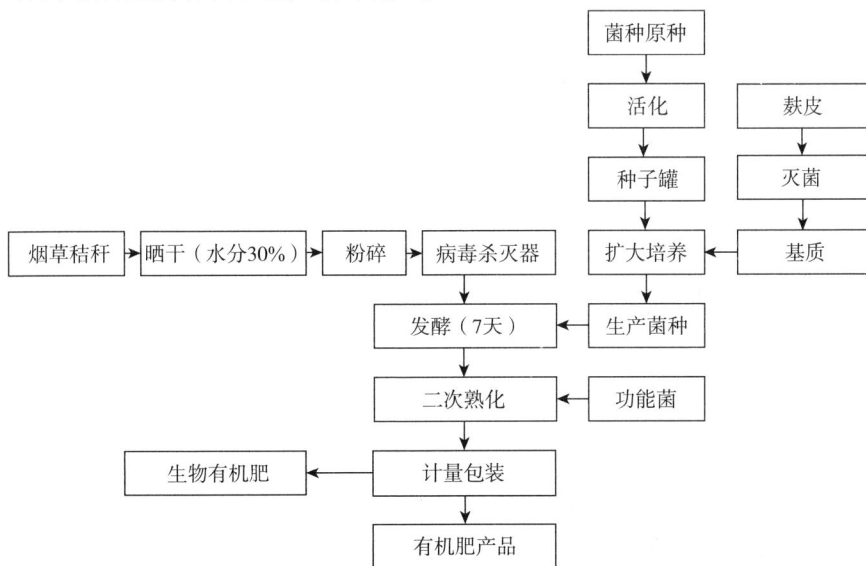

图 7-3　烟草秸秆生物有机肥生产技术路线

2 工艺流程

通过两年研究，恩施州烟草专卖局(公司)确定了烟草秸秆生物有机肥工艺流程、操作参数和产品质量标准。以烟叶采收后烟草秸秆为原料，利用独立发明的微生物菌种，经过自然发酵、脱水干燥和混合配比，得到符合国家标准的生物有机肥。该工艺流程如图7-4所示。

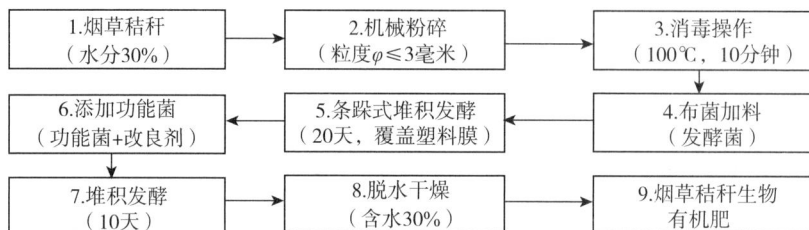

```
┌─────────────┐      ┌─────────────┐      ┌─────────────┐
│ 1.烟草秸秆    │ ──▶  │ 2.机械粉碎    │ ──▶  │ 3.消毒操作    │
│ (水分30%)    │      │ (粒度φ≤3毫米) │      │ (100℃，10分钟)│
└─────────────┘      └─────────────┘      └─────────────┘
                                                   │
┌─────────────┐      ┌─────────────┐      ┌─────────────┐
│ 6.添加功能菌  │ ◀── │ 5.条踩式堆积发酵│ ◀── │ 4.布菌加料    │
│ (功能菌+改良剂)│     │(20天，覆盖塑料膜)│     │ (发酵菌)     │
└─────────────┘      └─────────────┘      └─────────────┘
      │
┌─────────────┐      ┌─────────────┐      ┌─────────────┐
│ 7.堆积发酵    │ ──▶ │ 8.脱水干燥    │ ──▶ │ 9.烟草秸秆生物 │
│ (10天)       │      │ (含水30%)    │      │ 有机肥        │
└─────────────┘      └─────────────┘      └─────────────┘
```

图 7-4　烟草秸秆生物有机肥生产工艺流程

(1)烟叶秸秆。其是指烤烟和白肋烟全株烟叶秸秆，含烟秆和烟苑两个部分。

(2)机械粉碎。使用机械设备破碎烟叶秸秆，粒度 $\varphi \leqslant 3$ 毫米，呈颗粒、丝或棒状。

(3)消毒操作。将粉碎后的烟草秸秆粉末输送到干燥设备，温度为 100℃，操作时间为 10 分钟。

(4)布菌加料。在秸秆粉碎中添加菌液、营养物和水，并混合均匀。在微生物发酵过程中需要足够的水分，经过大量试验和结果分析，确定烟叶秸秆发酵的适宜含水率为 55%~65%。

(5)条垛式堆积发酵。在自然环境下，气温≥12℃，气压 1.0atm(标准大气压)，将上述物料在硬质平地上采用条垛式堆积发酵。

(6)添加功能菌。将解磷菌、生防菌和耐硒解硒菌等功能菌添加到发酵堆体上。

(7)堆积发酵。在自然环境下，气温≥12℃，气压 1.0atm，将物料堆积只发酵 10 天。

(8)脱水干燥。将发酵后物料脱水干燥，水分含量为 30%。

(9)烟草秸秆生物有机肥。完成烟草秸秆生物有机肥产品生产。

7.1.5 未来发展

1. 原料多元化

绿色、生态、无公害是有机农业的重要内容，是农业生产的发展方向，有机农产品生产离不开生物有机肥。恩施州常年植烟面积在 60 万亩以上，按照每亩施用生物有机肥(含水率<30%)100 千克计算，共需生物有机肥 6 万吨；恩施州

水稻种植面积 100 万亩，按照每亩施用生物有机肥 50 千克计算，需要生物有机肥 5 万吨；恩施州有茶叶 50 万亩、蔬菜 40 万亩，按照每亩茶园施用 100 千克、蔬菜施用 50 千克计算，共需要生物有机肥 7 万吨。

按烤烟每亩生产 200 千克烟草秸秆、白肋烟每亩生产 300 千克烟草秸秆的标准计算，恩施全州每年可产烟秆生物质 10 万吨以上，回收 50%，每年可利用烟秆生物质 5 万吨。恩施州烟草行业每年利用烟草生产设施种植食用菌约 35 万筒，每个废弃菌筒可产生菌渣 1 千克，则有菌渣 350 吨。恩施打叶复烤生产线每年有打叶复烤的烟梗 14 000～15 000 吨，还有其他农作物秸秆、畜禽粪便、城市生活废水污泥等各类有机固体废弃物可供利用。因此，针对烟草秸秆生物有机肥原料来源单一的现状，如能充分利用食用菌菌渣、农作物秸秆、打叶复烤烟梗、畜禽粪便、城市生活废水污泥有机固体废弃物等，则将大大提高烟草秸秆生物有机肥产量，以满足广阔市场的需求。

2. 产品系列化

产品是企业生存和发展的重要因素，一个好的企业必须有好的产品才能不断发展，因而可以说产品是企业的生命力，要发展必须先创新。因此必须不断开发出新产品，以满足市场竞争和消费者的需求。开发以烟草秸秆为主要原料，添加食用菌菌渣或打叶复烤烟梗等辅助原料的烟草秸秆生物有机肥；利用恩施州特有的硒矿资源，开发富硒烟草秸秆生物有机肥；开发以腐熟烟草秸秆为载体，适合恩施烟区土壤、气候等生态环境的功能菌肥和其他载体的微生物肥料；针对恩施烟区土壤特征，开发新型土壤修复剂。

3. 规模化生产与推广示范

以烟草秸秆为主要原料，利用微生物菌种，经过发酵、脱水干燥和混合配比等工艺，生产出符合国家标准的生物有机肥。并对所开发的烟草秸秆生物有机肥进行产品登记，实现规模化生产、市场化运作。

通过配套相应的生产技术方案和烟草秸秆生物有机肥料的应用示范，逐步形成具有较大规模的烟草秸秆生物有机肥应用。

7.2　富硒烟草秸秆生物有机肥研制与应用

7.2.1　背景

1. 丰富的硒资源

硒在自然界中一般以分散状态存在，很少有工业意义的矿床。由于硒在自然界中稀少、分散，因而被称为稀散元素。硒在地壳中的元素丰度（克拉克值）为0.08微克/克。中国硒资源的保有工业储量居世界第四，仅次于加拿大、美国和比利时。尽管我国硒资源丰富，但分布极不均匀，主要两个高硒区为湖北恩施和陕西紫阳。

恩施州蕴藏着举世罕见的硒资源，富硒碳质硅质页岩出露面积约2450平方千米，储量高达50多亿吨，最高含硒超过8000毫克/千克。地矿部门踏勘和详查结果证明恩施不仅确实存在硒矿床，而且主矿床呈板块状结构，硒矿资源具有分布广、储量大、埋藏浅等特点。双河渔塘坝拥有世界上唯一的独立硒矿床，仅在0.86平方千米范围内详查，就探明储量64万吨，平均纯硒含量3637.5毫克/千克。

恩施属于硒资源富集区，经检测表明，恩施州植烟土壤硒含量平均为0.71毫克/千克，高于全国平均水平，受富硒岩层影响形成的大片富硒区域内，粮食、油料、烟草、中草药、饲草饲料、畜禽产品及矿泉水中，硒含量为世界之最。

2. 富硒农产品的保健作用

硒是人体内不可缺少的微量元素，也是唯一可直接抗病毒的营养元素，具有较强的防病、抗衰老、提高人体免疫力及防癌作用。有资料表明，当给人体补充一定量的硒后，人体器官的各项机能会大大提高。中外科学家多年潜心研究发现：硒是防止器官病变与老化最重要的微量元素。这是因为硒进入人体后，能迅速与血液中的血蛋白结合，清除体内的自由基，从而有效防御自由基对细胞、组织和器官的损害。

人体硒的主要来源是食物，据世界卫生组织发布的消息称，通过食物补硒是最安全、最经济的方法，开发富硒农产品是人体补硒的最好途径。据报道，富硒肥在灵芝、食用菌、苹果、水稻、马铃薯、玉米上有广泛的研究应用。适宜的硒浓度可促进农产品多糖与蛋白质的合成，浓度过高则会产生一定毒性，摄入过量硒会导致发育迟缓、脱毛甚至死亡。

3. 富硒肥研究与开发现状

张志明和李建华（2004）研制出有机无机复混硒肥，通过不饱和脂肪酸和生物菌的作用，活化矿物质硒，其在作物生长过程中能够被有效吸收，并以能被人或动物吸收的氨基酸方式储存在农产品中。郭春景等（2005）以高活性、高含量、大交换容量的腐植酸为主要原料，加入微生物制剂，适量添加氮、磷、钾大量元素和铁、锌、锰、硒等微量元素，研制出富硒腐植酸生物液体肥。冯元琦（2005）采用二氧化硒为富硒肥料的主要原料，配合一定比例的氮、磷、硼等微量元素，在无机酸（硫酸等）和特定的条件下，形成水溶性富硒复混肥料，使用时用水稀释成为叶面喷施肥料。刘军等（2011）在农业有机废弃物中添加适量的亚硒酸钠，经蚯蚓转化成为富硒蚯蚓粪和富硒蚯蚓体，并在韭菜上进行了增产和抗病性研究。

由于硒在自然界稀少、分散，很难直接利用，而应用其工业制成品也有一定难度。采用现代生物技术，结合烟草秸秆生物质进行富硒烟草秸秆生物有机肥研究与开发，生产富硒农产品，是人体补硒的最佳途径。

7.2.2　循环利用情况介绍

烟叶采收结束后，从烟田中收集干燥的烟草秸秆；将收集的烟草秸秆按规定参数粉碎；将烟草秸秆生物质粉碎物高温消毒，添加发酵菌、硒矿粉等进行发酵；对生物有机肥初级产品添加功能菌，制造成型富硒烟草秸秆生物有机肥产品；将富硒烟草秸秆生物有机肥产品应用到烟叶生产中去，得到富硒烟叶（图 7-5）。

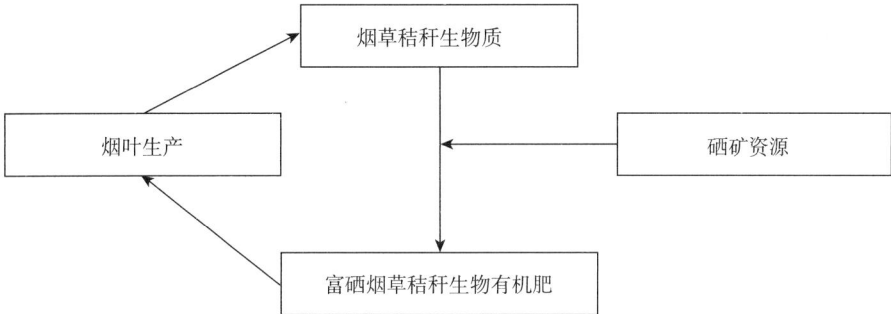

图 7-5　"烟草秸秆生物质—硒矿资源—富硒烟草秸秆生物有机肥"循环利用

7.2.3　主要研究内容

1. 功能菌株筛选

在恩施高硒矿区取土样、植物样等，分别进行增菌培养，然后选择性分离，获得 8 大类微生物共 43 株菌株，共同建立了一个具有发酵和活化硒矿粉两种功能的 EM（effective microorganisms，即有效微生物）菌群。其中分离出 2 株耐 60℃以上高温的菌株，筛选菌群经革兰氏染色镜检，证实菌群中存在大杆菌、小杆菌、链杆菌、球菌、双球菌、大球菌及 4 种不同形态的芽孢杆菌。对提取的混合菌在培养基中进行耐硒试验，发现有 1 株在硒浓度为 25 000 微克/毫升时能正常生长（鉴定为鲍氏不动杆菌 ACQB01000091），另 1 株在硒浓度为 30 000 微克/毫升时能正常生长（鉴定为枯草芽孢杆菌沙漠亚种 EU138467）。

2. 重金属检测

富硒烟草秸秆生物有机肥的砷、镉、铅、铬、汞等重金属含量都远远低于国家生物有机肥标准规定范围，说明富硒烟草秸秆生物有机肥在生产上应用是安全可靠的（表 7-9）。

表 7-9　富硒烟草秸秆生物有机肥重金属含量　单位：毫克/千克

有机肥种类	砷	镉	铅	铬	汞
富硒烟草秸秆生物有机肥	5.93	2.80	20.20	32.40	0.04
国家标准	75.00	10.00	100.00	150.00	5.00

3. 富硒烟草秸秆生物有机肥在烟叶生产上的应用

1）对烟叶生长发育和产量的影响

随着富硒烟草秸秆生物有机肥硒含量的增加，烟株不同生育期株高、叶数、茎粗、最大叶长、最大叶宽都有一定的增加趋势，但是差异均不显著，表明不同硒含量的富硒烟草秸秆生物有机肥对烟株农艺性状没有负面影响（表7-10）。

表 7-10　富硒烟草秸秆生物有机肥对烟叶不同生育期农艺性状的影响

生育期	处理	株高/厘米	叶数/片	茎粗/厘米	最大叶长/厘米	最大叶宽/厘米
团棵期	对照（烟草秸秆生物有机肥）	22.2a	10.9a	1.5a	45.0a	22.6a
	富硒烟草秸秆生物有机肥（含硒量为61.8毫克/千克）	21.6a	10.4a	1.5a	44.3a	23.4a
	富硒烟草秸秆生物有机肥（含硒量为103.0毫克/千克）	23.8a	11.4a	1.6a	46.1a	25.6a
旺长期	对照（烟草秸秆生物有机肥）	75.7a	18.5a	2.0a	61.7a	27.7a
	富硒烟草秸秆生物有机肥（含硒量为61.8毫克/千克）	77.0a	19.3a	2.1a	65.3a	26.4a
	富硒烟草秸秆生物有机肥（含硒量为103.0毫克/千克）	78.7a	20.0a	2.1a	65.3a	28.1a
成熟期	对照（烟草秸秆生物有机肥）	122.2a	21.0a	2.2a	80.5a	25.5a
	富硒烟草秸秆生物有机肥（含硒量为61.8毫克/千克）	122.8a	21.2a	2.2a	82.1a	24.9a
	富硒烟草秸秆生物有机肥（含硒量为103.0毫克/千克）	122.4a	21.2a	2.4a	82.0a	25.2a

施用硒含量为61.8毫克/千克的富硒烟草秸秆生物有机肥对烟叶产量、产值分别较对照（烟草秸秆生物有机肥）增加了11.8%、2.6%；上中等烟率增加了4.1%。说明施用硒含量适中的富硒烟草秸秆生物有机肥有提高烟叶产量、产值、均价及上中等烟率的作用（表7-11）。

表 7-11　富硒烟草秸秆生物有机肥对烟叶经济性状的影响

处理	产量/（千克/667平方米）	产值/（元/667平方米）	均价/（元/千克）	上等烟率/%	上中等烟率/%
对照（烟草秸秆生物有机肥）	139.4a	2461.8a	17.6a	30.0a	82.8a
富硒烟草秸秆生物有机肥（含硒量为61.8毫克/千克）	155.8a	2526.7a	16.2a	20.1b	86.2a
富硒烟草秸秆生物有机肥（含硒量为103.0毫克/千克）	138.1a	2276.7a	16.5a	23.6b	86.2a

注：同列数据后不同字母表示差异达5%显著性水平（$P < 0.05$）。

2) 对植烟土壤理化性状的影响

随着富硒烟草秸秆生物有机肥硒含量的增加，土壤硒含量呈显著增加趋势，其中含硒量为 61.8 毫克/千克和含硒量为 103.0 毫克/千克的富硒烟草秸秆生物有机肥处理土壤硒含量分别为 0.43 毫克/千克和 0.48 毫克/千克，较对照(烟草秸秆生物有机肥处理)增加了 22.9% 和 37.1%，达显著水平。施用不同硒含量的富硒烟草秸秆生物有机肥对土壤有机质含量的影响不显著(表 7-12)。

表 7-12　施用富硒烟草秸秆生物有机肥对植烟土壤硒含量和有机质含量的影响

处理	硒含量/(毫克/千克)	有机质含量/(克/千克)
对照(烟草秸秆生物有机肥)	0.35±0.07b	36.32±0.36a
富硒烟草秸秆生物有机肥 (含硒量为 61.8 毫克/千克)	0.43±0.07a	36.81±0.85a
富硒烟草秸秆生物有机肥 (含硒量为 103.0 毫克/千克)	0.48±0.04a	35.80±0.10a

注：同列数据后不同字母表示差异达 5% 显著性水平($P<0.05$)

3) 对烟叶品质的影响

施用富硒烟草秸秆生物有机肥，中部叶(C_3F)烟碱含量较对照有增加的趋势，总糖、还原糖、总氮、总钾含量有降低的趋势，上部叶(B_2F)化学成分变化规律不明显(表 7-13)。

表 7-13　施用富硒烟草秸秆生物有机肥对烟叶化学品质的影响

部位	处理	烟碱/%	总糖/%	还原糖/%	总氯/%	总钾/%	糖碱比	钾氯比	总氮/%	氮碱比
B_2F	1	2.11	24.15	20.09	0.26	2.17	9.52	8.47	—	—
	2	2.01	25.65	20.20	0.31	2.31	10.05	7.51	—	—
	3	2.30	23.58	17.66	0.14	2.13	7.68	15.15	—	—
C_3F	1	1.67	26.55	19.74	0.15	2.06	11.82	13.43	2.23	1.34
	2	2.49	22.60	17.19	0.15	2.03	6.90	13.20	1.72	0.69
	3	2.38	22.64	16.29	0.19	1.96	6.84	10.20	1.47	0.62

图 7-6 表明，施用富硒烟草秸秆生物有机肥对烟叶硒含量的增加效果显著。烟叶不同生育期，以成熟期烟叶硒含量最高，其次为团棵期，旺长期最差(可能旺长期烟叶生产旺盛，烟叶生物量大，对植株吸收的硒起到了稀释作用)，说明烟叶硒含量的增加，主要在烟叶生产的中后期。

4) 对烟叶安全性的影响

施用硒含量为 103.0 毫克/千克的富硒烟草秸秆生物有机肥，烟叶镉、铅、汞、铬、砷含量分别为 2.8 毫克/千克、2.4 毫克/千克、0.009 毫克/千克、0.20 毫克/千克、0.086 毫克/千克，均低于限量参考标准，较恩施高山地区烟叶重金属含量均值低(表 7-14)。说明施用富硒烟草秸秆生物有机肥，不会对烟叶重金属安全性产生影响。

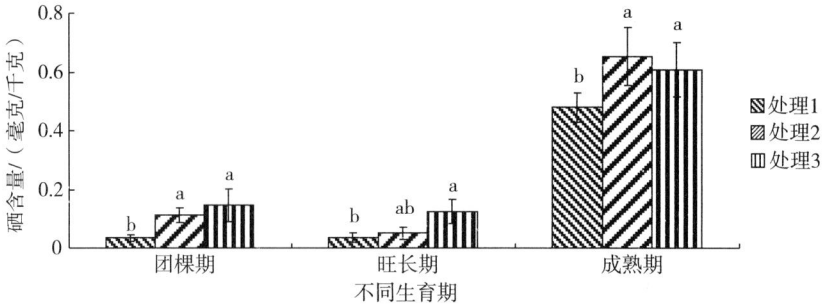

图7-6　不同生育期中部叶硒含量变化

注：不同字母表示差异达5％显著性水平（$P < 0.05$）

表7-14　烟叶重金属含量　　　　　　　　单位：毫克/千克

处理	镉	铅	汞	铬	砷
对照（烟草秸秆生物有机肥）	2.1	2.0	0.010	0.18	0.114
施用富硒生物有机肥100千克/亩（含硒量为61.8毫克/千克）	3.1	2.0	0.220	0.15	0.082
施用富硒生物有机肥100千克/亩（含硒量为103.0毫克/千克）	2.8	2.4	0.009	0.20	0.086
恩施高山地区烟叶重金属含量均值	4.1	2.4	0.063	0.84	0.150
烟叶限量参考范围	10.0	15.0	0.500	2.00	1.000

7.2.4　产业发展

富硒烟草秸秆生物有机肥是以烟草秸秆生物质为原料，加入活化硒矿粉、黄腐酸、尿素等原料，再混合筛选的发酵菌液，混合均匀发酵。堆肥发酵腐熟后，得到富硒烟草秸秆生物有机肥半成品，经过干燥、添加功能菌等处理，检测达到合格标准后，包装成富硒烟草秸秆生物有机肥成品（图7-7）。

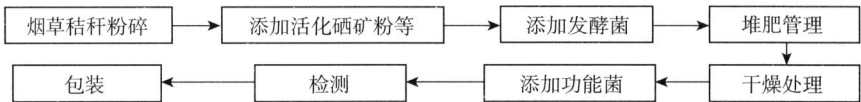

图7-7　富硒烟草秸秆生物有机肥生产工艺流程

7.3　食用菌生产

7.3.1　背景

在我国种植业中，食用菌的地位排在前列，仅次于粮、油等位于第六位。食用菌不仅味美香甜，而且含有丰富的营养，包括蛋白质、氨基酸、维生素和微量元素，且低脂肪的特点更稳定了食用菌被作为 21 世纪新健康食品的地位。

秸秆可以作为食用菌栽培的基料。据统计，2011 年食用菌总产量 2571.7 万吨，如果按照基料和食用菌 1∶1 的比例进行推算，秸秆使用量将超过 2000 万吨，所以秸秆作为食用菌栽培基料的利用潜力还很巨大。目前，我国多用玉米、水稻、小麦、油菜秸秆作为原料生产食用菌，食用菌种类涉及双孢蘑菇、香菇、平菇、草菇、姬菇、鸡腿菇等多个品种，收益良好。梁枝荣等(2000)用玉米秸秆做主料栽培双孢蘑菇，在农村粗放栽培条件下生物学效率达到 40% 以上，单产在 10 千克/平方米左右。闫永亮(2007)用生姜秸秆与棉籽壳混合栽培平菇，大大降低了平菇生产成本。赵丽霞等(2007)利用麦草、稻草等秸秆结构疏松、透气性好、保水性强的特点培植草菇，克服了传统的装袋法和覆土栽培法堆放不便、占地面积大的缺点，出菇率显著提高，实现了增产增收。姚升好(2007)等研究发现，用油菜秸秆栽培金针菇，可缩短菌丝的培养期和子实体的催蕾期及出菇时间，增加经济效益。王立安(2007)等对多种作物秸秆栽培平菇的产量进行了比较，得出小麦、玉米、菜豆秸秆是培植平菇的理想材料。梁玉勇(2005)以白芷秸秆栽培平菇，增强了平菇的香味，而且白芷收获期早于玉米和水稻，利于平菇提前上市，获得更高的市场价格。张广铎(2008)等用玉米秸秆代替部分木屑(40%)混合生料地栽香菇，培养料不必经过蒸料，不需制作灭菌锅，节省燃料，大大降低了生产成本，具有生产工艺简单、操作方便、降低劳动强度等优点，易推广且产量较高、品质较好，投入产出比为 1∶4.2，有较大的推广价值。利用烟草秸秆作培养基栽培金针菇、杏鲍菇、巴西蘑菇等食用菌的尝试也已开始，报道结果显示在培养基中加入 10%～30% 烟草秸秆有利于金针菇菌丝的生长，并能同比提高金针菇产量；在杏鲍菇培养基中加入 15%～30% 的烟草秸秆可以起到部分替代木屑的作用；而利用烟草秸秆发酵栽培巴西菇的结果尤为喜人，其产量显著高于常规稻草等栽培料。

恩施州地处湖北省西南部，所辖的 8 个县市具备适宜种植烟叶的自然条件，该地区常年从事烤烟和白肋烟种植，仅 2012 年面积就高达 60 万亩，共收获烟叶约 150 万担，是恩施州最重要的优质烟叶产区。近期，随着现代烟草农业技术研发深入推进，烟区配套了大量的育苗、调制设施。但这些设施除正常烟用季节使用外，有近 9 个月的闲置时间，造成不必要的资源浪费。因此，如何提高生产设施利用效率，谋求更大的综合效益，成为恩施州较为关注的问题。

自 2008 年起，"清江源"科技园区开始尝试利用育苗培植设施来种植白菜、西红柿、黄瓜等蔬菜，利用烤房设备来烘制辣椒等。但这些蔬菜种植时间与普通蔬菜的自然种植季节并没有错开，导致夏季时在大棚中种植的蔬菜病虫害比室外的更为严重，增加了管护成本；同时，"清江源"科技园区选择的蔬菜种植品种附加值较低、市场价格弹性大，因而收益甚微；另外，烟叶与部分蔬菜品种属同科植物，使通过"轮作"有效降低病虫害、保持稳产的目的难以实现。

2010 年，"清江源"科技园区对往期的实践工作进行了深入总结，发掘不足之处，确立了综合利用烟草生产设施发展食用菌产业的构想，以烟草秸秆为原料生产食用菌，既循环利用了烟草秸秆生物质，又为当前烟草生产设施综合利用工作开辟了一条新途径，为农民增收提供了新的增长点。

7.3.2　循环利用情况介绍

回收烟草秸秆作为食用菌原料，生产食用菌栽培袋，向种植业主有偿提供食用菌栽培袋，种植业主综合利用烟草生产设施种植食用菌；食用菌生产结束后，回收利用食用菌菌渣生产生物有机肥(图 7-8)。

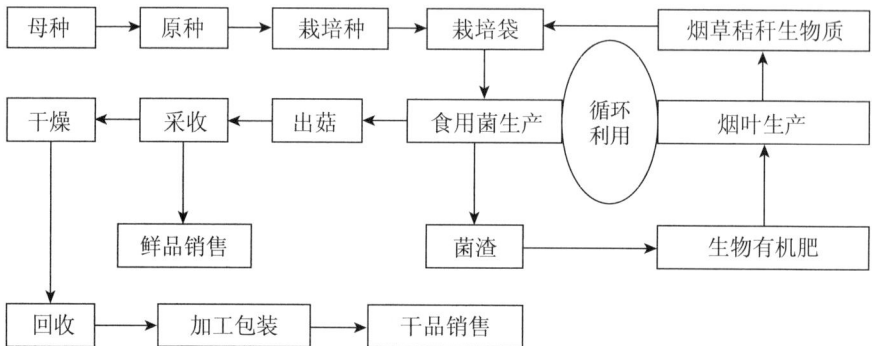

图 7-8　"烟草秸秆生物质—食用菌"循环利用

7.3.3　主要研究内容

1. 烟草秸秆对食用菌菌丝生长的影响

1)未处理烟草秸秆对菌丝生长的影响

同一天接种后，毛木耳菌丝在不同烟草秸秆添加量的培养料袋中均可以正常生长。菌丝生长均匀、洁白浓密、粗壮有力且上下一致，齐头并进地延伸至料袋底部。毛木耳菌丝在 20％烟草秸秆添加量状态下的生长速度是最快的。

同一天接种后，茶树菇菌丝在不同烟草秸秆添加量的培养料袋中均可以正常生长。菌丝前端整齐、生长致密、上下均匀。添加 20％、30％、40％、50％的烟草秸秆对茶树菇的菌丝生长速度无影响。

2)处理后烟草秸秆对菌丝生长的影响

对于清水浸泡 6 天后和 3％石灰水浸泡 6 天后的烟草秸秆，毛木耳菌丝在其培养料袋中的生长速度比对照(添加 20％未处理烟草秸秆)中的慢。菌丝在 3％石灰水浸泡 6 天后的烟草秸秆培养料袋中长势比清水浸泡 6 天后的略差。

茶树菇菌丝在清水浸泡 6 天后和 3% 石灰水浸泡 6 天后的烟草秸秆培养料袋中的生长速度比对照(添加 20% 未处理烟草秸秆)中的要慢,但在清水浸泡 6 天后的烟草秸秆培养料袋中的长势比在 3% 石灰水浸泡 6 天后的烟草秸秆培养料袋中的更好,与对照相近。

2. 烟草秸秆对食用菌子实体形成和外观品质的影响

1)未处理烟草秸秆对子实体形成和外观品质的影响

添加烟草秸秆的菌袋都能正常形成子实体。产生的毛木耳子实体与普通杂木屑栽培出来的子实体外观肉眼分辨一致。子实体成束生长,为胶质,呈浅圆盘形,耳片呈不规则形;有明显基部,无柄,基部稍皱,新鲜时软,干后收缩;外被较长绒毛,绒毛为白色或无色。

添加烟草秸秆的菌袋均能正常形成子实体。产生的茶树菇子实体与普通杂木屑栽培出来的子实体外观一致。子实体单生、双生或丛生,菌盖直径 5~10 厘米,表面平滑,初暗红褐色,有浅皱纹,菌肉白色,有纤维状条纹。

2)处理后烟草秸秆对子实体形成和外观品质的影响

未经处理直接添加烟草秸秆的菌袋和普通杂木屑的菌袋都能正常形成子实体,二者生长出来的毛木耳子实体的外观一致。而清水浸泡和石灰水浸泡两种不同方法处理烤烟秆的菌袋按前者同样方法进行出菇管理,菌丝异常并出现后期感染,未能如期形成子实体。

不同方法处理烟草秸秆的菌袋均可正常形成子实体,所产生的茶树菇子实体与普通杂木屑栽培出来的子实体外观一致。

3. 食用菌子实体烟碱含量测定

欧盟食品管理机构修订的标准中要求食用菌干品中的烟碱含量最高限量为 1.17 毫克/千克。如表 7-15 所示,所检测的子实体中所含的烟碱均明显少于 1.17 毫克/千克,食用安全性达到欧盟标准。从表 7-15 同时可以看出:一是即使未添加烟草秸秆的培养料所产生的子实体也能检测到一定量的烟碱,说明在普通杂木屑等生物有机质中可能含有一定量的烟碱,也有可能是食用菌在形成子实体时自身会合成一定量的烟碱类物质;二是随着烟草秸秆添加量的增加,产生的茶树菇子实体所含烟碱量也随之增加,说明茶树菇子实体烟碱含量与培养料中烟草秸秆含量成正相关,培养料中烟草秸秆含量超过 50% 时要考虑子实体烟碱含量是否满足食用标准;三是仅就添加了烟草秸秆的培养料来分析,毛木耳烟碱含量有随着烤烟秆添加量增加微弱下降的趋势或者说成弱负相关,但未添加烟草秸秆的全木屑对照培养料所收获的子实体比添加 20% 烟草秸秆的培养料所收获子实体烟碱含量低,但与添加 30% 和 40% 烟草秸秆的培养料所收获的子实体烟碱含量比较接近，说明毛木耳所含烟碱量变化规律性不强，也有可能试验偶然误差太大，因此需要进一步重复试验加以验证；四是通过比较所收获的两种食用菌产品烟碱含量之间关系来看，在不添加烟草秸秆的培养料中和添加 20% 烟草秸秆的培养料中，其所培养子实体的烟碱含量都非常接近，当添加量达 30% 及以上时子实体烟碱含量则出现显著差异，说明当烟草秸秆添加量在 20% 以下时对两种食用菌的生理影响可能是相对接近的，而当培养料中烟草秸秆添加量增加到 30% 时，烟碱在两种不同食用菌代谢过程中的作用和影响有显著差异。

表 7-15 食用菌子实体烟碱含量

样品	烟碱值/(毫克/千克)	合格与否 (限量 1.17 毫克/千克)
茶树菇(全木屑)	0.0983	合格
茶树菇(20%烟草秸秆)	0.1684	合格
茶树菇(20%烟草秸秆，清水浸泡 6 天)	0.2133	合格
茶树菇(20%烟草秸秆，3%石灰水浸泡 6 天)	0.1809	合格
茶树菇(30%烟草秸秆)	0.3497	合格
茶树菇(40%烟草秸秆)	0.3887	合格
茶树菇(50%烟草秸秆)	0.4435	合格
毛木耳(全木屑)	0.1063	合格
毛木耳(20%烟草秸秆)	0.1627	合格
毛木耳(30%烟草秸秆)	0.1237	合格
毛木耳(40%烟草秸秆)	0.1080	合格
毛木耳(50%烟草秸秆)	0.0899	合格

4. 食用菌品种和栽培研究

参照理论依据，通过实践探索发现：2 月下旬至 6 月上旬是烟草育苗设施烟用季；5 月底至 10 月初是烟田种烟季；8 月至 10 月是调制设施烟用季。目前，根据实践总结经验，已确定的食用菌品种为反季节黑木耳、毛木耳、金针菇、香菇、灵芝等。当年 12 月至来年 5 月，反季节毛木耳、香菇、灵芝可利用晾房、烤房设施进行发菌，6 月至 12 月，使用育苗设施出毛木耳、香菇、灵芝；11 月至次年 4 月，利用调制设施种植金针菇，可实现从发菌到出菇一站完成；10 月中下旬至来年 5 月，利用水源充足的烟田种植袋料黑木耳，能够顺利完成出耳。

7.3.4 产业发展

食用菌产业发展的工作思路主要包括三个方面：一是利用烟草生产设施种植

食用菌；二是开发利用烟草秸秆作为食用菌原料；三是利用烟草秸秆、食用菌菌渣生产生物有机肥。根据烟草生产设施分布和食用菌制种流程，恩施全州计划建立 1 个菌种厂和若干个菌袋加工车间，菌种厂内设置微生物实验室，菌袋加工车间除制作食用菌栽培袋外，还兼具生产生物有机肥的功能，形成"三位两体"的格局。

"三位"运作，即坚持产业化经营、规模化发展、市场化运作。

"两体"建设如下：

(1)食用菌菌种厂。按 20 万袋栽培种(可保证单个生产季节 400 万袋的栽培袋用种)、日均 4000 袋栽培种的生产规模进行设计，建立了一个两层钢架结构的食用菌菌种厂，统一采购母种，培育、销售栽培种。

(2)菌袋加工车间。菌袋加工车间按日均 1 万袋栽培袋的生产规模进行设计，保证单个生产季节 50 万袋的菌种需求。根据 400 万袋栽培袋的种植规模，恩施州计划在不同区域逐年建设 8 个菌袋生产车间。

7.3.5 未来发展

1. 市场化、产业化及规模化大发展

栽培工厂化、生产集约化、发展基地化、扩张规模化是目前我国发展食用菌产业的明显趋势，"清江源"科技园区也需要与时俱进，在不断的革新与改进中，着眼于市场需求，实行市场化运作，努力建成恩施州最大的食用菌科研生产示范基地，才能走在国内农业科技园区的前列，取得更加骄人的业绩。因此，"清江源"科技园区既要充分利用行业内优势，主动争取地方政府支持和职能部门配合，又要全面整合行业外的各种资源，与在食用菌科研、销售等领域较为先进的单位、个人开展联姻，并创一条以市场为导向，以质量换销量，以技术创品牌，以信誉赢口碑，集种植、生产、加工、包装、销售、服务于一体，具有恩施烟草特色的食用菌产业链，推动恩施食用菌的产业化进程。

2. 以烟为主，形成适宜的食用菌种植模式

目前，"清江源"科技园区在坚持以烟叶生产为主的同时，需进行多元化发展，利用烟草生产设施种植食用菌，其中最重要的是选择适宜的食用菌品种和栽培模式。要满足这一点，必须坚持两个基本条件：第一，保证食用菌能够在有效的生产周期正常生长；第二，保证不与烟草生产设施的使用季节重合。结合恩施州旅游城市的特点，完全可以把食用菌产业发展成观光农业示范点。在满足烟草内部需求的基础上，也可以利用自身设施和规模的优势面向社会以订单方式生产其他特殊要求的食用菌菌种或菌棒。新品种选择方面，可以尝试驯化本地特色野生稀有品种，如松乳菇等，只要坚持不断探索，定能实现人工规模化种植。

3. 建立烟草秸秆生物质综合利用产业链

恩施州建立了"烟草秸秆—食用菌—生物有机肥—烟叶生产"的绿色循环产业链。目前，"清江源"科技园区已成功利用废弃烟草秸秆替代部分基料栽培了食用菌，已进入种植示范阶段。在食用菌采收后，废弃的菌渣可以和烟草秸秆、复烤烟梗、畜禽粪便等混合开发生产生物有机肥，还田生产烟叶。这样不仅充分利用了废弃烟草秸秆，避免了秸秆的焚烧，利于保护环境；而且使烟草生产设备的综合利用率得到提高，使烟草部门和烟农的经济收入得到增加；同时，生物有机肥返施烟田可以改良土壤性质，稳定烟叶产量，保证烟叶品质，打造恩施州"清江源"特色优质烟叶，从而有利于促进烟区自身的可持续发展。

4. 开发绿色、生态、富硒食用菌

恩施州处地球北纬 30 度，具有独特的喀斯特地貌，海拔为 500～1800 米，森林覆盖率居国内前列，环境污染程度低，旅游资源丰富，旅游业兴旺。恩施州还有世界上最大的独立硒矿床，是世界上土壤含硒量最高的地方，享有"世界硒都"的美誉，出露面积 850 平方千米，是中国迄今发现的第一高硒区。这些都是恩施的本土特色，是恩施的名片，保护性合理开发利用优势资源，也正昭示着恩施食用菌产业的勃勃商机。只要能够独辟蹊径、充分发挥恩施的地域特色，把它转化成食用菌产品的优势，就能取得打开成功之门的钥匙，在同行业中独树一帜。生态环境无污染是保障绿色食品内在品质的前提基础，"清江源"科技园区可以以食用菌观光农业为切入点，利用兴盛的旅游业作产品宣传的活体广告。利用高海拔山区夏季昼夜温差大、日平均气温低的自然气候特点，进行常规中低温食用菌的反季节栽培，填补市场反季节鲜菇的空缺，货俏价高利润自然丰厚。借鉴高山绿色蔬菜基地产业成功的经验，可以预见高山反季节食用菌产业发展的美好前景。硒是人体必需的微量元素之一，它能够抗癌、抗衰老，预防大骨节病、克山病等二十多种慢性病，被科学家冠以"生命的火种"、"肝脏的保护神"、"肿瘤克星"等诸多美名，对提高人体免疫力有特殊功能。人体硒的摄入量研究表明，持续适量的补硒，不仅是人体生理功能的基本需要，也是防病保健之必需。随着当今人们生活水平的稳步提高、防病保健意识的不断增强，富硒食品必将受到青睐。全球有八十多个国家和地区缺硒，我国也有 72％的县(市)缺硒，可见富硒食品国内国际市场之大。深入开展富硒食用菌产品的研究，通过一定措施在食用菌培养过程中合理加硒，实现以食用菌为载体，把无机硒转化为人体便于吸收的有机硒，满足富硒食品的标准要求，无疑将使产品附加值大大提高。

第 8 章

清洁能源的循环利用

"清江源"科技园区利用得天独厚的自然生态优势，将太阳能、风能、空气能、生物能、沼气能等多种新型清洁能源用于园区建设，实现了园区清洁化生产。

8.1.1 背景

进入 21 世纪以来，在能源需求增长、油价攀升和气候变暖问题日益突出等因素的推动下，新能源以其再生、清洁、低碳、可持续利用等特点引起了越来越多国家的重视。太阳能和风能是提高人类生存质量、改善生态环境的绿色、可再生能源，具有储量大、分布广、利用率高、使用经济等诸多优点。

烟叶烘烤是烤烟生产中的关键环节，烘烤工艺落实的精准程度决定了烟叶烘烤的质量，直接影响烟叶的品质。传统的烤烟技术存在着能耗高、污染环境、烤烟质量控制较难、技术要求较高、烤烟成本较高等缺陷，如燃煤、燃油、燃气等烤房二氧化硫、二氧化碳等有害气体排放量超标，难以实现自动化控制，烟叶质量普遍较低，而普通电烤房耗电又高，增加了烤烟成本和农村用电负担。如果利用风能、太阳能等清洁能源烤烟，则不但保护了环境，而且提高了烤烟质量、降低了烘烤成本，还便于实现自动化控制，具有良好的社会效益和经济效益。

据调查,恩施地区烤烟季节(7～10月)的太阳能资源和风能资源相对其他季节较高,"清江源"科技园区海拔较高,自然、生态环境优越,风能和太阳能资源较为丰富,利用风力发电机给空气能热泵提供电能,利用太阳能空气集热器提高空气能热泵的低温热源温度,并利用空气能热泵良好的温湿度调节能力,可大幅度降低空气能热泵的电耗,提高烟叶质量,达到低碳经济、节能降耗、保护环境、降低劳动强度、提高烤烟经济性状的目的。

8.1.2 循环利用情况介绍

"清江源"科技园区利用太阳能、风能、空气能作为主要能源进行烟叶烘烤,其为绿色清洁能源,不会对环境造成污染。而在非烘烤季节,太阳能、风能、空气能等新能源可为园区温室大棚和附近生产、生活区域供能(图8-1)。

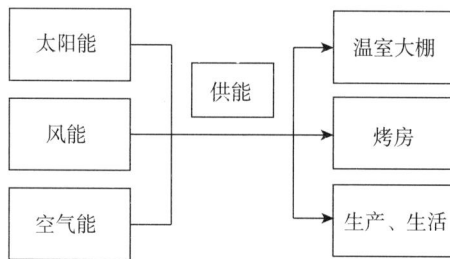

图 8-1　太阳能、风能、空气能等新能源循环利用

8.1.3 设计与原理

太阳能、风能、空气能烤房把三种能源集中到一起为烤房提供热源,以风能、太阳能为优先热源,空气能热泵作为备用热源。

其工作过程和基本原理(图8-2)如下:风力发电机将风能转换为电能,并通过储热器将电能转换为热能储存在储热器中对烤房加热室加热。太阳能空气集热器将太阳能转换为热能对加热室加热。风能和太阳能给烤房提供的热量不足时,启动空气能热泵加热。三种能源由一个循环风机将热量在烤房内强制循环,在烤房两端下部装有排湿窗口。烤房、加热室、装烟室规格及温湿度自动化控制器等设备同普通密集烤房一样。

风力发电机通过储热器产生的热量对系统放热是由智能温湿度烟草控制系统控制的,当温度满足需要时,控制器发出指令关闭储热器放热口,热能即进行储存。

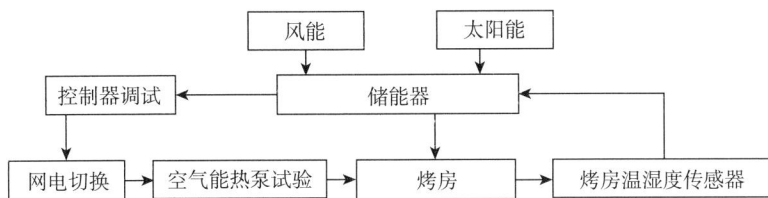

图 8-2 工作过程和基本原理

8.1.4 主要研究内容

(1)研发了风能＋太阳能＋空气能联合加热系统，对风能＋太阳能＋空气能联合供热系统进行测试，分析了三种能源对烤房装烟室加热的效果和供热效率。试验结果表明，两台热泵能满足烟叶烘烤全部热量需求，风力发电输出的热量占总热量需求的 11.5%～22.2%，太阳能输出的热量占烤烟总热量需求的 22%～31.5%。开展风能＋太阳能＋空气能联合加热系统烤房性能试验，结果表明，风能＋太阳能＋空气能联合加热系统烤房加热设备供热充足、供热效果良好，空载时能够满足烟叶三段式烘烤对总热量、升温速度要求，室内温度均匀性好，负载状态下能达到密集烤房叶间隙风速 0.2～0.3 米/秒的技术要求。

(2)风能＋太阳能＋空气能联合加热系统烤房烟叶烘烤特性。从试验结果得出，平均风能供热占 10.9%，太阳能供热占 23.2%，空气能热泵占 65.9%。跟密集型烤烟房比较，风光互补烤烟房热效率高 15%～23%。从烘烤后烟叶外观质量方面比较，新能源烤房中部和上部烟叶的橘黄比率分别比密集烤房增加了 38.7% 和 7.5%；从烘烤成本比较，新能源烤房较普通密集烤房降低 309 元/房，烘烤 1 千克干烟平均成本降低 1.3 元。新能源烤房节能效果明显，平均每千克干烟耗电仅 1.62 千瓦时。

8.1.5 应用现状

"清江源"科技园区将风能、太阳能和空气能热泵集成应用在烟叶烘烤上，研发的互补加热系统烤房具有升温速度快、供热效果优良的特点，太阳能、风能储热器的设计提高了热能的利用率。新能源烤房可满足烘烤热能需要，保证烟叶烘烤质量，且操作简便，节省用工，具有显著的经济、社会和环境效益。目前，"清江源"科技园区新能源烤房采用以风能和太阳能为先导热源，空气能热泵为主要供热源的烤房供热系统，实现了低耗能、零排放、零污染；增加了风能储热器，将风力发电机的电能转换成热能储存在储热器中对系统进行放热，提高了风能的利用率。

"清江源"科技园区已建设 6 栋新能源烤房，由 30 千瓦风机发电机，96 平方米太阳能集热板，12 台 5 匹空气热泵、热量储能器、温湿度传感器、控制器组成，以风能、太阳能热源优先，空气能热泵为备用热源。烘烤季节可满足 120～150 亩的烟叶烘烤需求，每烘烤 20 亩烟叶可节约用工 4.5 人，极大地降低了烘烤劳动强度，节省了烘烤成本，在非烘烤季风能和太阳能提高的热量和电力可供烟农家用或其他用途，节省了烟农生活成本，同时，该能源为绿色、安全能源，提高了烟农的生活品质。

新能源烤房的研制和推广实施提高了烟叶的内在质量和上、中等烟比例，对烟草行业烟叶原料的供求关系起到了非常好的优化作用。同时，优质烟叶数量的增加对于提高烟草企业新产品的市场竞争能力、满足用户对烟叶原料的需求具有十分积极的意义。

8.1.6　未来发展

煤炭属于不可再生能源，因此价格会逐年上升，而风能和太阳能是取之不尽、用之不竭的清洁能源，成本会逐年递减，风能＋空气能烤房的优势会逐年上升。考虑到环保因素，相信不久的将来燃煤烤烟房就会退出历史舞台。目前很多发达国家已经明令禁止使用污染严重的燃煤烤房，我国也将很快禁止使用燃煤烤房，并已经出台相关政策扶持使用清洁能源烤房，今后也会加大在清洁能源方面的政策扶持力度。综上所述，风能＋空气能烤房的优势十分明显，而且投资回报年限会逐年缩短。清洁能源烤房有很大的社会效益和经济效益，如果能够及早占领市场，一定会收到更大的经济效益，得到国家的扶持与推广。

8.2　生物质能源的循环利用

8.2.1　背景

生物质能源一直是人类赖以生存的重要能源，它是仅次于煤炭、石油和天然气而居于世界能源消费总量第四位的能源。我国政府及有关部门对生物质能源利用极为重视，已经连续在四个国家五年规划中，将生物质能源利用技术列为重点科技攻关项目，开展生物质能源利用技术研究与开发，如节柴炕灶、薪炭林、户用沼气池、大中型沼气工程、气化与气化发电、生物质液体燃料、生物质压块成型等，并且取得了多项优秀成果。

恩施州具有丰富的秸秆资源，仅烟草行业每年可产生烟秆 7 万吨、复烤烟梗近 0.8 万吨。恩施州烟草专卖局(公司)将废弃烟梗、烟秆收集利用，对废弃烟梗、烟秆成型技术和燃烧特性进行深入研究，研发出以此为燃料的生物质半气化炉，并形成配套烘烤技术，减少煤炭等不可再生资源的消耗，减少二氧化碳的排放，有利于生态环境保护；还可以降低烘烤成本，将炉灰作钾肥还田，减少烟田病原基数，从而降低企业生产经营成本，实现循环经济，促进行业可持续发展。

8.2.2　循环利用情况介绍

将烟叶生产的废弃烟秆和复烤环节的废弃烟梗收集、压块成型，作为生物质半气化炉的燃料进行烟叶烘烤，产生的炉灰中含有大量的钾元素，可作为钾肥的补充施入烟田进行烟叶生产，生物质半气化炉产生的热能为温室大棚和附近生产、生活区域供能，实现"废弃烟秆→生物质压块→炉灰还田→烟叶生产"的循环模式，促进行业可持续发展(图 8-3)。

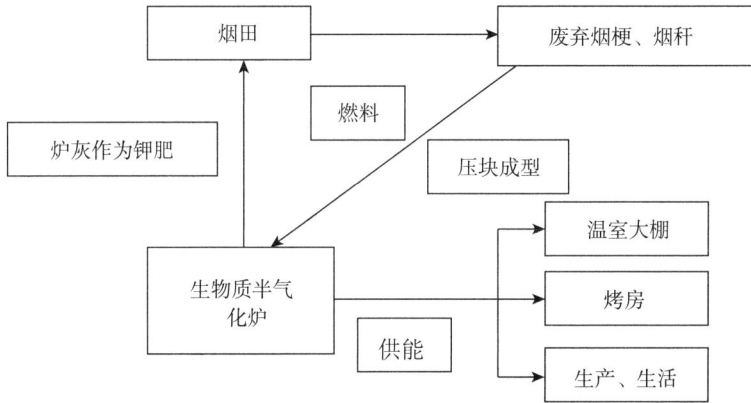

图 8-3　生物质半气化炉循环利用

8.2.3　设计、原理与结构

1. 生物质半气化炉工作原理及结构设计

1)半气化炉工作原理

将生物质燃料在炉膛里燃烧，并进行合理配风，使其伴有气化成分，通过二次补风，在补充氧气的同时进一步加强烟气的扰动，使燃烧更加充分。

生物质压块在 200℃左右开始析出挥发份，温度越高，挥发份析出越快。300℃即可着火进行支链燃烧，支链燃烧后，挥发份中大分子碳氢化合物产生链断裂，生成分子量较小的醛类和烷类。此时通过二次供氧，让新生成的碳氢化合物迅速气化燃烧，释放大量的热量，形成高温烟气，从而有效减少焦油产生，解决换热管道的堵塞问题，减少设备维护成本，延长设备使用寿命，减少环境污染。

2)半气化炉结构

生物质半气化炉由圆形钢制炉胆、锥形炉胆顶、二次进氧风道、气罩室、加料口、排渣口、烟气接口、炉桥、炉体外罩等部件组成,炉体外形尺寸直径φ1012×高1380毫米。炉膛容量0.28立方米,二次燃烧室容量0.11立方米,气室容量0.26立方米,燃烧室热量通过实验可达28万卡路里/小时以上。炉体内部采用锅炉用钢板材料,外部采用4毫米钢板包裹焊接而成,整体强度好。炉胆和炉体形成一个夹层,空气通过进气管及风道进入夹层,夹层内的空气通过燃烧孔向炉内第二次供氧实现燃料充分燃烧。

2. 烟梗、烟秆生物质压块固化成型

1)工作原理

生物质压块固化成型技术是将疏散、低热值的生物质通过压力作用(加热或不加热),制成棒状、粒状、块状等各种成型燃料。挤压成型后的原料体积大大减小,能量密度提高到几乎与普通煤相当,便于运输和储存,生物质压块固化成型工艺流程见图8-4。

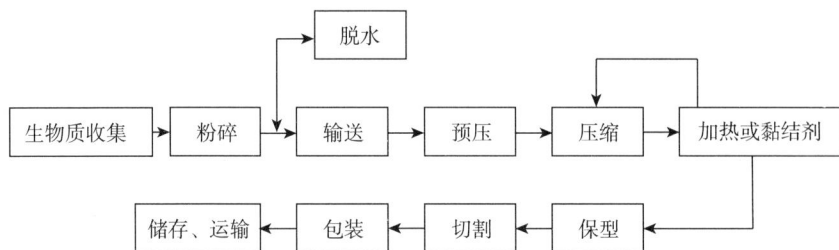

图8-4　生物质压块固化成型工艺流程

2)烟梗、烟秆生物质压块燃料的特点

烟梗和烟秆生物质压块燃料有很多优点,包括:密度大、不怕潮、便于运输和储存;纯生物质压块起火快;热值稳定、耐烧;成本低、无污染;炉灰回收后是高效农肥。所以其是很好的燃料,完全可以替代煤作为烤烟生物质半气化炉和2吨以下燃煤锅炉,以及生物质热水炉和热风炉的燃料,在市场上已广泛使用。

3)烟梗和烟秆生物质压块燃料的燃烧特征

烟梗和烟秆压块属于生物质压块,其挥发份为45%～50%,固定碳为35%～45%,灰分为5%～10%,燃烧时既具有气体燃料的燃烧特征,又具有固定燃料的燃烧特征。压块在200℃左右开始析出挥发份,温度越高,挥发份析出越快。其在300℃时即可着火燃烧(支链燃烧),支链燃烧后,挥发份中大分子碳氢化合物产生链断裂,生成分子量较小的醛类和烷类。新生成的碳氢化合物与充足的氧气再次结合就会迅速燃烧,释放出大量热量,形成高温烟气;在燃烧炉内若没有氧气补充,这些新产生的碳氢化合物就会随着低温烟气排出烟囱形成烟气,当烟气的温度低于 300℃时，会有大量的焦油产生，伴随着难闻的气味，烟梗和烟秆生物质压块产生的焦油污染更严重，造成二次污染。因此，烟梗和烟秆生物质压块热风燃烧炉的研制非常重要，要求其必须有合理的二次和三次补氧装置，在高温下将分子量较小的醛类和烷类(低温下形成焦油的主要成分)彻底充分燃烧，生成二氧化碳和水。

4)烟梗和烟秆制成压块的工艺

(1)烟梗：复烤厂(烟梗粒度≤20 毫米，水分为 12％左右)→粉碎机→压块机→压块；

(2)烟秆：废弃烟秆(自然晾干，水分≯30％)→粉碎机 →压块机→压块。

8.2.4　主要研究内容

烟秆、烟梗等生物质基础特性测试，包括工业分析、元素分析、灰成分分析、密度测试、热值分析以及燃烧特性分析；生物质半气化炉设计，采用创新性的二次供氧结构，该气化炉具有燃烧效率和热利用效率高、焦油产生量低的特点；烟秆、烟梗生物质压块固化成型技术、产品试验及优化改进，实践表明，生物质半气化炉及其烘烤技术能够保证烟叶烘烤质量，每千克干烟的烘烤能耗为 3.5 千克烟梗压块，节约了烘烤燃料成本，避免了燃煤烤房带来的环境污染问题，经济、社会和生态效益显著。

8.2.5　产业发展

为了确保生物质半气化炉研究的顺利实施，恩施州烟草专卖局(公司)成立了"生物质半气化炉"项目工作小组，在各部门的努力下，"生物质半气化炉"获得显著进展，取得一项国家实用新型专利(专利号：ZL200920227630.7)，形成了烟梗和烟秆压块加工、生物质半气化炉设计和加工工艺、配套烘烤工艺等一系列配套技术，能够满足烟叶烘烤需要。

恩施州烟草专卖局(公司)先后在"清江源"科技园区、恩施盛家坝、宣恩晓关、利川南坪等烟叶基地共投入 84 套半气化炉，进行 5000 亩烟叶烘烤示范及推广应用。对不同品种、不同烟叶部位及不同营养状况的烟叶烘烤情况的实地跟踪调查表明：将烟梗、烟秆压块，通过生物质半气化炉燃烧进行烟叶烘烤，提供的热能完全能达到烟叶烘烤工艺要求。事实证明，生物质半气化炉不仅节能环保，使烟梗和烟秆废弃物得到合理利用，而且能减少煤炭资源消耗，从而降低烤烟成本。

8.2.6   未来发展

将生物质压缩成型技术和生物质气化技术相结合，就是将烟梗通过压力作用制成棒状成型燃料，然后将其在炉膛里燃烧，并进行合理配风，使其伴有气化成分，这样的炉子叫生物质半气化炉，也有人称之为准气化炉。通过二次补风，在补充氧气的同时进一步加强烟气的扰动，可以使燃烧更加充分。由于整个过程在高温下进行，因此产生焦油较少，不会造成二次污染。作物秸秆是农作物生产系统中一项重要的生物资源。据不完全估计，全世界每年可产生近 20 亿吨的秸秆。中国是农业大国，也是秸秆资源最为丰富的国家之一，2012 年即生产 6.4 亿多吨的秸秆，且秸秆产量逐年增加。生物质能源是可再生的清洁能源，在工业生产和日常生活中占有相当重要的地位。利用秸秆压块技术，将行业产生的废弃烟梗、烟秆压制成致密型生物质燃料，在生物质半气化炉内燃烧，为烤房提供烘烤热量，替代煤炭进行烟叶烘烤，意义十分重大：一是可以减少煤炭等不可再生能源的消耗，有利于资源保护；二是可以减轻污染，有利于环境保护；三是可以降低烟叶烘烤成本，增加烟农收入；四是合理利用烟秆，有利于烟田卫生，减少病虫害危害；五是可以防止烟梗流入不法分子手中，产生社会危害；六是可以降低企业生产经营成本。

8.3　沼气能的循环利用

8.3.1   背景

农村沼气是社会主义新农村建设的重要内容，也是农村新能源的重要组成部分。发展农村沼气可以解决农民生活用能问题，改善农村生产生活条件，实现绿化造林，增加农民收入，在发挥山区和农村环境的生态屏障功能方面有非常积极的意义。

"清江源"科技园区集烟叶生产、农产品开发、旅游观光和新农村建设等于一体，将会产生大量废弃物并消耗大量的能源。充分利用废弃资源发展沼气，是解决能源供给、保护生态环境的有效途径。

8.3.2   循环利用情况介绍

以沼气池为载体，将种植业、养殖业、加工业、旅游业有机结合，以养殖场畜禽粪便、农作物秸秆、培训中心人粪污以及可利用的垃圾等为原料生产沼气，可为烟叶烘烤、旅游业、加工业，以及"清江源"科技园区人员的生产生活提供清洁能源。产生的沼渣和沼液可用于烟叶生产和其他作物种植，进而生产的农产品为饲料发展渔业和养殖业，从而达到物质资源多级利用的目的，是集能源、环保、生态及农业生产为一体的综合利用，实现种植养殖并举、产气积肥同步。沼气能循环利用模式建立起食物链结构较长、生物种群较多、能流物流循环较快的生态系统，达到生产过程清洁化和农产品有机化，提高经济效益，保护和改善生态环境(图 8-5)。

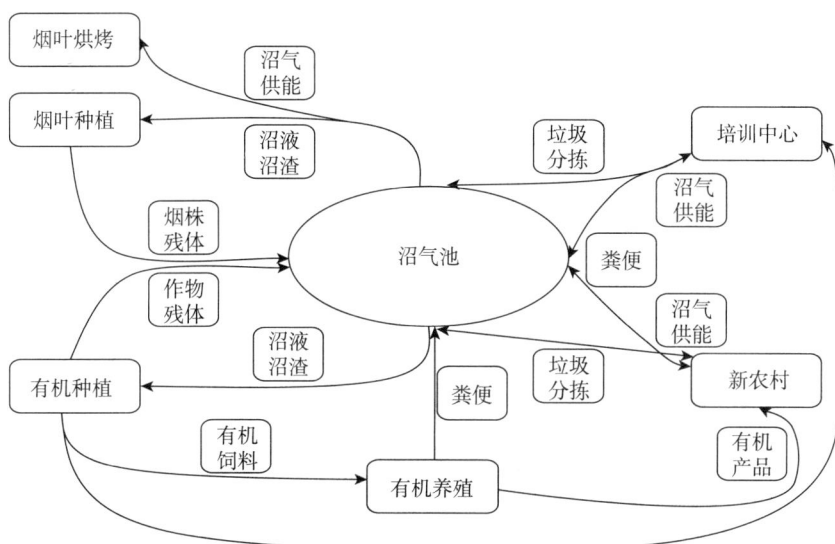

图 8-5　以沼气池为载体的物质循环图

8.3.3　应用现状

1. **围绕智能温室大棚的沼气池建设**

沼气池建设在智能温室大棚附近，作为沼气能利用模式核心展示区，沼气池分为 1 号池和 2 号池，将烟草同科作物的废弃生物质和烟株田间打掉底脚叶置入一池，非烟草同科作物的废弃生物质置入另一池。智能温室大棚进行特色瓜果、蔬菜、花卉种植，产品可供给旅游和餐饮业，无价值的枝叶、花瓣等废弃物可以投入沼气池发酵生产沼气，苗圃中废弃的枝干叶片也可投入沼气池发酵；沼气池产生的沼气可供温室大棚照明和供暖，同时可制作生态沼气灯，放置在烟田用来捕虫；沼渣、沼液可用于有机烟叶和有机农作物生产(图 8-6)。

2. **围绕新农村建设的沼气池建设**

沼气池建设在新农村附近的较为隐蔽处，沼气池分为 1 号池和 2 号池，将烟

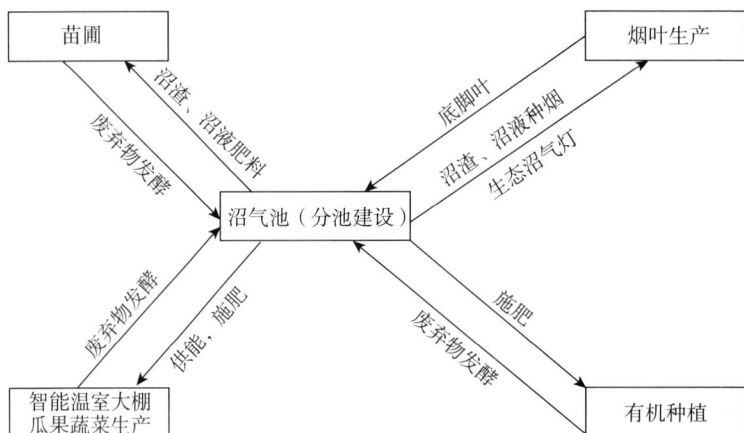

图 8-6   围绕智能温室大棚的沼气池循环利用

草同科作物废弃生物质和烟株田间打掉底脚叶置入一池，非烟草同科作物的废弃生物质置入另一池。将新农村区域人粪污和畜禽养殖产生的粪便排入沼气池发酵，产生的沼气为农户的生产生活供能，沼渣、沼液可用于烟叶及其他种植业（图 8-7）。

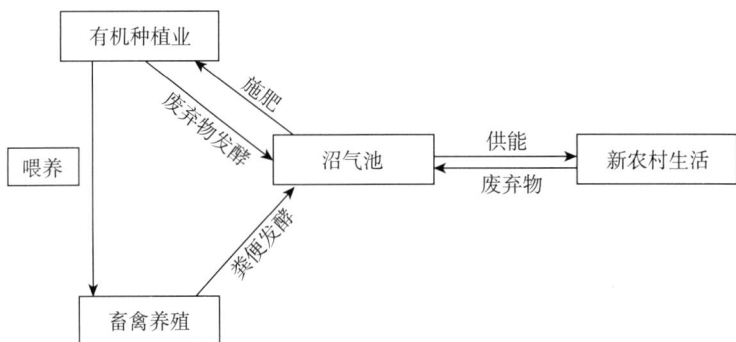

图 8-7   围绕新农村建设的沼气池循环利用

农作物的根、茎、叶生物质，以及养殖动物产生的粪便、人粪尿等均是生产沼气的原材料。据初步统计，按"清江源"科技园区 2012 年发展规模来计算，科技园区每年产生人禽粪约 700 吨，产生各类秸秆废弃物约 300 吨，特别是 2013 年国家烟草专卖局提出烟叶上、下部两片叶清除计划，按每亩产 50 千克鲜叶计算，科技园区将产生 200 吨左右的绿色生物质。这些为沼气池的日常供应提供了充分的原料保证。沼气的产量在发酵物料已知的条件下是可以估算的，保守的估算是 1 吨物料产 80～120 立方米沼气，1 立方米沼气完全燃烧后，能产生相当于 0.7 千克无烟煤提供的热量，由此可以减少约 80 吨的无烟煤的使用。

"清江源"科技园区智能温室大棚附近建设的 600 立方米左右的沼气池，以畜禽粪便和作物秸秆作为添加物，按每立方米物料全年可产沼气 30 立方米计算，每年可产沼气 18 000 立方米左右。沼气池位置距离科技楼、宾馆、温室大棚、苗圃较近，方便沼气使用、沼渣及沼液还田。在两个新农村民居点附近各建设 400 立方米左右的沼气池，以畜禽粪便和作物秸秆作为添加物，每年可产沼气 9000～12 000 立方米，为附近居民生产生活提供清洁能源。

8.3.4　未来发展

作为可再生能源，沼气对农村生产生活的废弃物进行资源化利用，有效缓解了农村能源短缺状况，保护了农村生态环境，为农业生产提供了高效有机肥料，促进了农村节能减排、绿色无公害农业生产、农民增收增效。发展沼气有利于改善农村生态环境、美化家园、减少污染，具有投资少、见效快、节支增效，以及社会、经济和生态效益显著的特点，能推动农村种植业和养殖业的发展。"清江源"科技园区建设围绕"生态、绿色、低碳、循环"理念，未来将大力发展沼气工程，多层次、多角度、深入开发利用沼气能源，拓展科技园区能源利用途径，实现科技园区可持续发展。

第 9 章

土地资源循环利用与保护

由于可利用的土地资源具有稀缺性，因而国家对土地资源的保护力度不断加强。土地资源保护的内容主要包括土地资源的数量保护、土地资源的质量保护以及土地生态环境的保护。国家加强土地资源的可持续利用，采用土地循环模式进行建设，实现经济、生态效益的协调发展。

9.1 轮作休养制度

掠夺式种植会导致土地地力逐年下降、病害指数上升、板结程度提高、养分逐步降低等，制约种植业的发展。通过合理的轮作和连作机制，调整烟田土壤的C/N 值，改善土壤中微生物群落结构，增加有益生物群体，不仅能够提高土地的综合产出量，而且可以实现地力的持续稳定甚至地力的提高。

9.1.1 制度建立

根据"清江源"科技园区土地现状，积极发展土地循环利用，建立科学的土地轮作和连作制度，对科技园区土地进行轮作换茬，对土地进行有效治理，改善土壤结构，减少污染，增加土壤肥力和产出。土地产出的作物秸秆可用于生产有机肥，有机肥还田改善土壤，发展种植业；种植的作物加工成有机饲料发展养殖业，种植业和养殖业废弃物又可发展沼气等(图 9-1)。

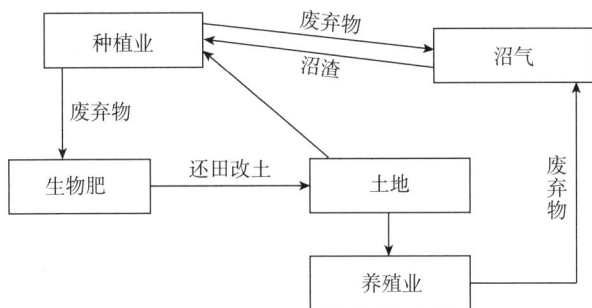

图 9-1 土地循环利用

9.1.2 应用现状

土地连年耕作会导致烟草土传病虫害危害程度的加深。烟田有害物质的逐年积累导致土壤养分失调，抑制土壤生物化学过程，影响烟草正常生长发育，最终造成其产量和品质的显著降低。科学的种植模式对土壤结构的改良、土壤肥力的提高和烟叶生长小环境的改善具有重要作用。通过与病原菌非寄主植物轮作，土壤中的病原菌数量显著降低，能减轻土传病害的发生。采用间、套作的种植模式也是防治连作障碍的有效方式，对于控制烟草病虫害也具有良好效果。目前，恩施州已建立了"烟草—荞麦—玉米、洋芋等—绿肥—烟草"的轮作制度，大力提倡间作紫苏、孔雀草、神香草等驱虫杀菌类芳香作物，发展生态有机烟叶生产，实现烟叶生产的可持续发展。

"清江源"科技园区的具体做法是：一是建立科学的轮作制度。对科技园区所有土地有计划地进行轮作换茬，按照一年一轮作的要求，种植与烟叶异科的作物，常年烟叶种植面积稳定在 1500 亩左右，其余发展 1500 亩其他作物种植。轮作品种通过有机种植业的发展不断遴选。二是建立科学的连作制度。在烟叶收获后，种植红叶紫花苕、光叶紫花苕、小麦、荞麦等作物，并将其作为绿肥直接还田，在提高养分的同时，通过微生物作用改善土壤生态环境，综合提高地力。三是逐步推行烟叶有机种植技术。在合理进行轮作和连作的基础上，逐步提高生物有机肥在烟叶生产中的施用比例，加大物理防治技术的应用力度，降低烟叶生产过程中对土地的破坏程度。

9.2 山区土地整治

自 2011 年开始，国家烟草专卖局正式将基本烟田土地整治纳入烟叶生产基础设施建设补贴项目。各地针对本地区域特点做了大量有益探索。平原、丘陵区域由于整治难度相对较小且整治方法简单较易推广，而全国的主产烟区大多集中在山区，山区基本烟田土地整治如何有效开展一直是各级烟草部门关注的焦点。

恩施州地处我国中西结合部、湖北省西南隅，属典型的山区农业生态区，是全国优质烟叶重点产区之一。基本烟田土地整治在武陵山区具有很强的区域代表性。近年来，在湖北省烟草专卖局(公司)和恩施州委、州政府的高度重视和大力支持下，围绕"以烟为主、连片建设、合理利用、用养结合"的基本烟田建设要求，恩施烟草结合山区特点和实际，以促进机械化作业为重点，以坚持建设高标准基本烟田为目标，以"清江源"科技园区为平台，逐步辐射其他主产烟区，对基本烟田土地整治工作进行试点和探索，总结出了一套较科学、系统的山区土地整治新模式。但基本烟田土地整治普及和推广仍然面临诸多矛盾和问题，仍需做大量有益的探索和实践。明确土地整治的原则和特点，不断总结、持续改进和提高是基本烟田土地整治健康、有序、持续推进的关键。

从 2008 年开始，恩施州烟草专卖局(公司)就以"清江源"科技园区开展为平台，对土地进行深度整治，土地整治范围陆续扩大到恩施全州各县市。到 2012 年为止，"清江源"科技园区已对万亩植烟土壤进行了综合整治，并预计未来几年整治范围将涉及恩施州 1/3 的烟田。为此，对土地整治区域实际情况进行综合分析，制定一套行之有效的针对土地整治区域的土壤修复和栽培技术体系，解决土地整治区域关键节点问题，确保"当年种烟，当年受益"，提高土地收益、充分发挥土地整治功效，对恩施州乃至全国土地整治区域都具有重要的现实生产指导意义。

9.2.1 土地整治的概念和原则

土地整治是指在一个区域内，按照城市规划确定的目标和用途或土地利用规划，采取行政、法律、经济和工程手段，对土地利用现状进行调整改造、综合整治，促进土地的合理利用，提高土地利用效率，改善生产、生态环境和生活条件的活动。土地整治是针对土地利用不合理、不充分甚至混乱等现象开展的工程，同时涉及权属状况的治理和调整，进而达到土地资源合理、充分和有序利用的目标，它是一项对土地权属和土地的用途、布局、结构等进行全面调整的综合措施。土地整治遵循因地制宜、系统性、整体性，以及兼顾经济、生态、社会效益相结合四大原则。

1. 因地制宜原则

土地整治是人类生产活动的产物，所以在自然条件地域差异的基础上又形成了生产的地域差异。不同的土地利用环境不仅反映土地本身的适宜性和限制性，而且反映当前生产力发展水平以及对土地的改造能力和利用程度，因此，任何涉及土地利用的问题都必须遵循因地制宜、切实的原则，才能将土地利用的潜在可能性转化为现实生产力。土地整治作为土地利用的重要组成部分，其内容和深度均应立足于各地社会、经济和自然的具体情况，突出体现不同地域的地域特色。在确定项目方案时，应认真分析研究当地的自然资源状况和社会经济水平，做出与之相适应的规划。区域不同、土地利用的特点不同，土地整治的措施也不一样。因此，土地整治必须从实际出发，通过土地利用效率、土地利用的资源环境效应、自然要素的匹配关系等的调查、评价及对比分析，确定整治的目标、内容和方法，切忌"一刀切"的发展模式。要根据当地的自然经济社会情况，因需而整治，因实而规划。结合烟草行业的要求来看，基本烟田土地整治是在现代烟草农业建设的框架下展开的。按照国家烟草专卖局的要求，结合本地实际，恩施州基本烟田土地整治目标为：扩大耕地连片度，实现规模化种植、集约化经营；降坡、除障，实现机械化作业。在此基础上，配套路、沟渠、管网及生态防护建设，实施土壤改良培肥地力，建设高质量基本农田，有效改善农业生产条件和生态环境，确保经济、社会、环境三方面效益。

2. 系统性原则

首先，土地整治的对象——土地本身就是一个很大的生态系统，包括了动物、植物、微生物以及无机环境诸多相互作用、相互制约的因子。因此，土地整治过程中应该充分考虑各个系统因子的功能与效用，在提高土地生产力的同时，要尽量保持和提高土地生态系统的自我调节能力，避免破坏生态系统。其次，土地整治系统性的特点还表现在其工作程序上，从项目区的踏勘—可行性研究—规划设计—项目实施、监管和验收—项目的运营等，每一个环节都构成系统不可分割的重要部分，各个环节又相互影响、相互制约，没有实地踏勘，就无法对项目区的基本情况有一个客观的了解，就拿不出科学可行的研究报告，规划设计也就没有依据。而规划设计的科学与否直接影响到工程施工质量与工程功效的发挥，最终会影响到项目运营效果，进而影响到整个土地整治事业的发展。因此，作为系统性的工作，土地整治应注意处理好各个环节的相互关系，实现整个土地整治系统工作效益的最大化。

3. 整体性原则

土地是人类最重要的自然资源，是一切财富之本，土地资源的可持续利用是可持续发展的根本保证。土地整治必须以土地持续利用为前提，坚持开发、保护、整治并重，妥善处理土地资源的稀缺性、多用途性和可再生性之间的关系，要有利于当前经济的发展，更要有利于未来时期的长远发展，决不能为获得当前利益、局部利益而牺牲长远利益和整体利益，必须严格限制对资源的低层次、破坏性开发利用。土地整治在改善土壤耕作状况和生态条件的同时，必须兼顾自然保护、景观保持。

土地整治需要综合运用土地规划、农田水利、工程预算、工程建筑、计算机技术等各学科知识。同时，整治过程中也必然涉及土地、农业、林业、水利、交通、气象、环保、财政等多个部门，土地整治工作的顺利实施有赖于各部门的综合协调、相互配合。以项目的规划设计所需资料为例，需要收集的资料很多，如土地资源状况、土壤性质、作物种植结构、地形、气候、水资源、自然灾害、项目区基础设施状况等资料。资料收集不全，项目规划设计就缺乏科学依据；而编制土地整治规划时，应认真了解各相关部门规划，如村镇规划、环境保护规划、水土保持规划、道路交通规划、农业发展规划等对土地整治的影响。土地整治工作的综合性决定了土地整治过程中应树立起全局的观念，实现整体联动。要对各方面因素进行综合考虑，避免造成工作上的失误。

4. 经济、生态、社会效益相结合原则

土地是农业生产的基本生产资料，通过土地整治挖掘土地潜力，安排好每块土地的经济用途，才能把用地和养地结合起来，改良低产土地，不断提高土地肥力和土地利用率。具体整治时应从经济的角度正确处理农业用地与基本建设用地的关系，要严加控制基本建设用地，尽量不占或少占农田。要注意利用改造那些由于基本建设工程占压废弃或挖废的土地，并把工程施工和平地造田结合起来，正确处理好农、林、牧、渔各业用地的关系和各种作物之间的关系，保证农业全面发展。

从生态学的角度来看，土地整治活动是一个打破原有生态环境系统，重建新系统的过程。土地整治活动需要借助一系列生物、工程措施对水、田、路、林、村等进行综合整治，在此过程中将不可避免地会对土地整治区域及其背景区域的水资源水环境、土壤、植被、大气、生物等环境要素及其生态过程产生诸多直接或间接、有利或有害的影响。

土地整治社会效益主要是看土地整治对社会所产生的影响，具体表现在土地整治后社会发展、城镇化和满足人民需求的程度；对振兴地区经济和生产力布局的影响；对活跃市场和产业结构调整的效益，对劳动力资源再开发及产供销流程的正常运转，是否在土地上创造了条件及其风险程度如何。社会效益评价与经济、生态评价是相辅相成的，整治区域对生态美化、经济促进越明显，其社会效益就越好；社会效益体现越充分，其经济与生态效益也就越明显。

土地整治要适应农业发展要求，紧紧围绕生态保护与建设、围绕增加农民收入、围绕市场需求展开。实现经济、生态、社会效益的综合体现及平衡。

9.2.2　当前山区基本烟田土地整治制约及障碍因子探究

1. 基础条件差，工作难度大

近年来随着国家农村战略的实施，农村基础条件得到了很大程度的改善和提高。但相对其他区域来说，我国山地烟区仍然存在交通不便、各种配套设施薄弱的问题。项目规划建设务必进行综合配套，但山地地形特殊，项目建设存在较大负面效应，使得工作难度异常之大。

2. 区域分散

由于山区地势高、起伏大、山体切割严重，加之水资源相对丰富且分布不均，形成了水旱交错并存的土地状况。水田质量一般较好，土层深厚、地面平坦，多分布于河流两岸地势低洼、水资源有保障的地方；旱地则分布于有一定坡度、地势较高、缺乏水源的地方。山地地形复杂，侵蚀比较强烈，导致地块零碎、规模较小，不便于机械化作业。与此同时，零星不连片的地块既增加了单位造价，又降低了项目建设效益。

3. 人员知识匮乏、认知水平低下阻碍工作进程

我国农村人口受教育程度相对较低，而山区农村人口受教育程度更低，加之近年来城市化进程的加速，相对而言山区留守人口的知识水平与之差距更甚。小农意识、眼前利益是山区留守人员较为普遍的认知。而土地整治除了具有直观效益外，更多的是潜在的综合效益及长远效益，且有时候为便于项目有效实施，可能会损伤短期效益。在烟区进行整治时，上述行为往往不能被烟农接受，需做大量艰辛、细致的工作。同时，由于山区特殊的自然条件状况，田块之间差异相对较为明显，整治的价值差异性大，因而烟农会存在不平衡心态，往往导致在工程施工环节出现人为阻工的现象。

4. 不确定因素多

由于土地整治工程涉及千家万户，沟通协调工作难度有时甚至会大于施工难度。尤其山区土地界限多以原田间障碍物划分，在整治过程中，由于小田变大田，缓坡变平地，打破了原有的地界，容易闹纠纷，造成一些负面影响。同时土地整治也对原有土层状况进行了调整，部分区域土壤田块间的调剂还不能得到农民的认可，加大了工作难度。为妥善解决土壤调剂矛盾，需外运客土确保整治效果进而增加了工程造价。诸多不确定因素往往使相关人员产生工作畏难情绪，不愿深入"深水区"。

5. 投资规模控制难度较大

对于山地烟区来讲，土地整治主要是清除田间障碍。在核定项目工程量时，外露的田间障碍容易核定及把握，但对于隐蔽在土层中的暗石，不能通过有效的手段予以识别，大多在施工中才能发现。同时，山地烟区普遍存在水土流失严重、土层较浅，石漠化严重的状况，要达到土地整治效果就必须进行客土增厚，按照农业用地临界指标30厘米的要求，土壤增厚也是基本烟田土地整治的主要投资内容，而土壤增厚在土地整治预算中没有相应标准，加大了控制投资额的难度。

9.2.3　基本烟田土地整治需把握的关键因素

1. 科学规划是基础

土地整治必须按规划实施，一是以土地利用总体规划为依据编制土地整治规划，因地制宜规划基本烟田土地整治区域。在基本烟田整治规划中，需正确处理社会发展、行业需求及烟农期许的关系。以利于农村总体发展为目的，体现行业两个利益至上（即国家利益至上、消费者利益至上）的工作理念。要通过土地整治加快农村产业化调整步伐，推动农村总体水平的提升。二是要处理好土地整治与生态环境保护的关系，注意保护和改善生态环境。三是围绕土地整治规划，综合考虑各种工程措施，做好工程设计，确保系统规划、整体实施，体现综合效能。

2. 技术标准是支撑

山区土层结构复杂，田块差异大，有针对性地制定技术标准并实行严格监管、实现操作到位十分关键。恩施州基本烟田土地整治也走过弯路，甚至还有一些深刻的教训：一是在岩冠地重建耕地、客土回填时，犁底层夯实不够，部分地块形成"筛子田"，导致漏水漏肥，对烟叶生长造成了不利影响。二是部分田块客土回填厚度不够，耕作层土壤沉降后变浅，底层有石，容易损坏机械，需要二次改造补土。三是由于对表土复原重视不够，部分田块整治时底土上翻导致土壤结构肥力不均，影响烟叶正常生长。四是少部分田块在整治过程中，破坏了土壤原有结构，回填土壤层次不清，影响烟叶生长。通过严格落实技术要求和质量标准，并加大整治后施用生物有机肥、火土灰改良土壤力度，根据田块肥力结构状况，有针对性地制定生产技术改进措施，确保土地整治取得实效。2012年上半年恩施州大面积推广基本烟田土地整治工作，由于技术监管执行到位，不仅实现了近3.5万亩的土地整治区域当年整治当年投入烟叶生产的目标，而且烟叶长势普遍优于未整治区域，体现了较好的整治效能。

3. 群众工作是前提

烟田土地整治是一项既必要又复杂的工作，涉及农户、田块、面积、非烟地、插花物、路、渠、田工程配套等方面；除了技术工作，还有大量社会、思想工作要做，其政策性很强，特别需要细致、周到、妥善地处理好群众工作。

首先要尊重农民意愿。要积极进行宣传解释，细致处理户间田界、面积变化，以及路渠占地分摊、效益比较等工作，对于整治区少数做不通工作的农户，在不影响大面积机械作业的前提下，暂缓进行治理。

其次要明确土地权属。土地整治必须注意理清和明确土地权属关系，一是土地整治前要依据土地调查和土地登记资料，认真做好整治前权属状况的确认。二是对涉及土地权属调整的一定要依法确认调整后的权属，进行变更登记，防止引发土地权属纠纷；各地可由村委会组织召开群众会议，按照已丈量、核查的土地经营权属面积和整治后土地的面积变化确定土地分配系数，并按照"同增同减"原则、"地域优先"原则（如靠近公路）、"方格化划分"原则对土地进行再分配，重新确定土地权属，办理相关确权手续。三是要注意保护农民利益，稳定土地承包经营权，对整治后确需对承包地进行适当调整的，要充分尊重原土地承包经营者的意愿。

最后要公平处理好地上附着物补偿。要通过入户实地调查，召开专门会议对补偿办法、补偿标准进行商定，并据实签订补偿协议。具体补偿操作可由乡、村处理，亦可交由工程队去解决，以减少干扰和不必要的延误。

4. 规范管理是保障

在基本烟田土地整治方面，国家烟草专卖局已印发《全国基本烟田土地整治管理办法》，各省都先后制定了基本烟田土地整治项目实施办法、省土地整治工程施工及验收规范，都对规范管理提出了要求，但必须要有专门的部门、专职的人员来抓落实。要按照"宣传动员及调查—实地测绘设计—确定土地权属—划分施工期限—确定施工单位—施工项目管理—分级验收"的土地整治工作流程，做到项目前期有调研、有论证、有勘测、有方案；项目实施过程中严格技术规程、严格工程监理、严格督办进度，及时处理好各种矛盾和纠纷；项目竣工后，按照听取汇报、实地查验、资金检查、验收评价和问题整改的流程严格组织验收；项目建设结束后要有总结有评价，才能不断改进、持续提高，确保项目长期、持续开展。

9.2.4 主要做法和模式

1. 主要做法和措施

土地整治需要综合运用土地规划、农田水利、工程预算、工程建筑、计算机技术等各学科知识。同时，整治过程中也必然涉及土地、农业、林业、水利、交通、气象、环保、财政等多个部门，土地整治工作的顺利实施有赖于各部门的综合协调、相互配合。"清江源"科技园区土地整治工作在综合考虑了以上因素之后，制订了正确的工作方案，主要包括以下几个方面。

1)增加耕地面积，提高耕地质量

土地整治是实现耕地总量动态平衡的一个立足点。实现耕地总量动态平衡，要依靠开源节流，综合管理。节流就是严格控制占有，开源除了开发、复垦以外，主要就是土地整治。通过对各类农村居民点用地、零星闲散土地、砖瓦窑场用地、乡镇企业用地以及已利用耕地的整治可以增加耕地面积。按照耕地面积增加的 5% 推算，恩施州"十二五"期间计划整治的 20 万亩基本烟田可增加面积 1 万亩。

2)扩大综合生产能力，提高土地产出率

土地整治有效改善了土壤原有结构，土壤修复等综合措施使土壤结构更加有利于作物生产，有效提高了土地产出率。多年来，山区由于劳动力缺乏，加之受封山育林制约和农民投入能力限制，农家肥、有机肥施用日益减少，片面施用化肥导致土壤酸化严重，严重影响了作物的生长。通过土地整治，深翻、更新土壤，加之配套的生化技术，可有效修复土壤。恩施州对主要烟区的土壤酸化区域进行了土地整治及修复，效果较为明显。

3)调整土地关系，提升规模化种植水平

土地整治改善了农业生产条件，有利于农业适度规模经营和农业现代化建设。整治后的土地便于机械化作业，这就大幅度降低了农业生产成本，提高了农业生产效率。同时，专用机械、专业队伍的参与有效缓解了目前农村劳动力流失、技术力量流失的问题，使新技术、新科技的推广成为了可能，更好地推动了现代烟草农业的建设步伐。

4)突出四个结合，加快基本烟田土地整治步伐

基本烟田土地整治是个系统工程，必须整体联动、综合规划、系统实施。其要突出四个结合：与所在村土地整治结合，搞好部门配合，确保总体效益；与烟水、烟路、烟机等其他烟叶生产基础设施项目的配套建设结合，搞好项目配套，体现综合效益；与特色烟叶开发结合，体现行业需求；与产业布局调整结合，推动农村现代农业建设步伐。

5)坚持系统配套，高标准建设基本烟田

以土地整治为基础和平台，实施基本烟田、烟水、烟路、烟房、育苗工场、烘烤工场(集群密集烤房)、农机具、减灾防雹设施等区域综合配套建设，建设"田成方、路相连、渠相通、土肥沃、旱能灌、涝能排"的标准化高产稳产农田，切实改善农业生产条件。同时，应坚持"突出重点、培植亮点、集中连片、整体推进"的建设思路，切忌不切实际，盲目高标准、大面积规划，确保长期实效。

6)优化技术标准，规范技术操作，确保建设质量

在严格执行技术标准的同时应不断总结和完善技术标准，使技术标准更具区

域性、操作性及实用性。技术标准一经制定，必须强化标准的执行和落实力度，强化监管及考核力度，确保建设质量。

7) 强化管理和培训，提升项目建设总体水平

管理是项目建设永恒的主题。恩施州烟草专卖局(公司)完善了土地整治工作程序，并要求严格按照程序操作；要求所有建设项目必须先锁定区域、先测量设计、先预算，经批准后方可执行；修改完善了土地整治技术规范，加大了对各工序、流程的监管和验收力度，通过流程控制确保犁底层夯实、土层分层回填、土层厚度等关键技术要求到位；加强了对施工队伍的管理，选择诚信度高、专业性强的施工队伍开展土地整治工作。为确保公平、公正、公开的项目建设管理原则，恩施州严格了项目公示制度，自觉接受群众及社会各界的监督。恩施州土地整治工作虽然面临时间紧、任务重的双重压力，但时间再紧，工作的基本程序没乱；任务再重，方案、工程量的核定也深入到了每一个现场、细化到了每一个田块；压力再大，质量标准也丝毫未曾放松。

2.“三度、四宜、八有”工作模式

近年来，恩施州烟草专卖局(公司)结合山区特点和实际，通过试点探索，在历年土地整治工作的基础上，不断完善和提高技术标准和工作流程，总结出“三度、四宜、八有”山区土地整治工作新模式，并注重沟渠、管网、道路、土壤改良和整治后针对性生产技术措施的综合配套，取得了较好的成效。

1) 把握“三度”，推进山区土地整治取得新实效

第一，土地整治“三度”分类标准及控制原则。

为了实现机械化和提高规模化程度，现有耕地中存在坡度和田内障碍物两个阻碍。根据整治区内田面坡度和障碍物比重两个主要因素，将耕地整治难度分为轻度、中度和重度三种类型。实施中以轻度为主、兼顾中度、控制重度，保证规划科学、分类治理、重点实施、控制投资。轻度整治是指平地、缓坡地块中有 10% 以下岩石等障碍物的类型，面积约占总规模的 50% 以上；中度整治是指山坡倾斜度为 0～25 度各种地块内岩石量 10%～40% 的类型，面积控制在 30%；重度整治是指山坡倾斜度为 0～25 度各种地块内岩石量 40% 以上的类型，面积控制在 10% 以下。零星地块不整治。

第二，三种类型和八种整治方式。

一是轻度整治类型(平地、缓坡、多埂、10% 岩石地整治类型)。轻度整治面积比例在总规模的 50% 以上，亩投入 2000 元以内。其整治方式共分 4 种：倒埂平，即平地倒原田埂，然后小块整成大块平地；倒、理平，即平地倒埂，理顺原来的自然土沟，然后整成大块平地；拔、倒平，即平地拔“钉子石”、倒田埂，然后整成大块平地；坡改缓，即 20 度以下坡地挖高填低降坡，然后整成缓坡地。

二是中度整治类型(平地、坡地、多埂,以及10%～40%岩石、岩坷地类型)。中度整治面积比例在总规模的40%以下,亩投入4000元以内。其整治方式分为4种:平去石,即平地去除地内岩石、田埂,然后进行大块平整;降坡度,即在5～20度岩坷坡地除去岩石,然后整治成小于15度的缓坡地;坡筑台,即在15～20度岩坷坡地除去岩石、筑台埂,然后整治成小于15度的平、缓台地;坡砌梯,即在20～25度岩坷坡地除去岩石、筑石梯埂,然后整成平、缓梯地。

三是重度整治类型(平地、坡地内40%以上岩石整治类型)。整治方式与中度整治种类相同,仅土壤岩石量在40%以上。重度整治面积控制在10%以内,亩投入控制在6500元左右。中度和重度地块整治,严格限制于连片区内影响贯通特别是影响机械化操作运行的多岩片块,其他边沿、零散的岩块则不列入整治范围。因为无论中度或重度整治,岩石比例高达40%以上,这种地块去石后基本属于人工造田,投资量大,施工困难,而且多数需要补充客土,必须进行控制。

第三,技术要点。

轻度整治:采用"一倒、二理、三拔、四降、五平"措施。一是倒田埂,即将原来不规则田埂去除,小块改大块;二是理沟渠,即理顺自然沟渠,防止切割田块影响机械操作;三是拔"钉子",即去除零星岩石;四是挖高填低降坡,即按照设计规定的每一地块田面高程,先将高处和低处的表土移至设计高程地段(不开挖段),然后将高处底土挖出填至低处,再将表土分别回填到原处即可,在本地块内实现土方挖填平衡;五是平整田面,即清除零星石块、杂物,使田面平整。

中度、重度整治:一种是岩坷地改造。按照"移、除、夯、回、清、平、砌"七步操作法进行整治,参见图9-2。

移:特别珍惜岩坷地区土壤,将有石区域内土壤的耕作层土、底土分别移至附近无石地段待用。

除:即除岩石,深度为本地块设计田面高程以下70厘米;移土深度超过70厘米的坑洼处,应填埋石块,保持基底高度基本一致。

夯:在基底岩石上铺一层15厘米左右的底土,用机械夯实,建造保水保肥的人工犁底层(关键要求)。

回:在犁底层上回填耕作层土壤,厚度70厘米左右,沉降后保证50厘米以上耕作层厚度。

清:人工清除耕作层内影响田间操作的弃石、树根、树枝等非土杂物。

平:理平田面,无大土块,无波浪形起伏,缓坡地顺势线条流畅。

砌:15度以上地块需要分台降坡,应砌筑台埂、梯埂,以埂分块,然后造田。

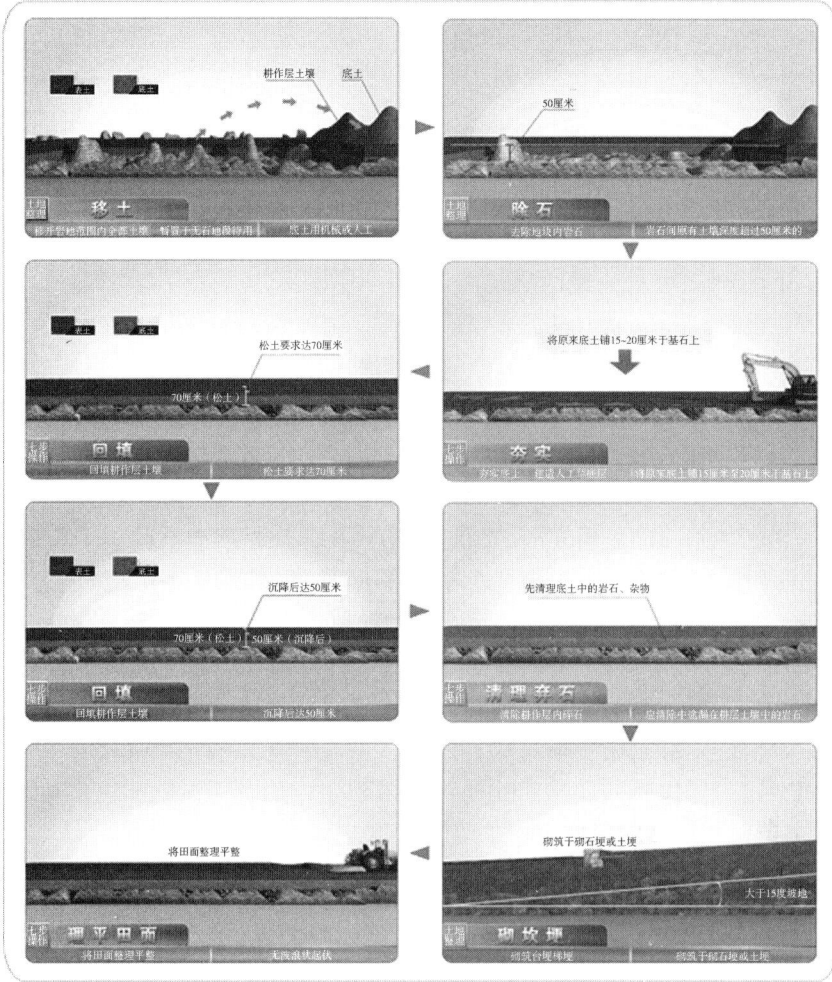

图 9-2　中、重度土地整治七步操作图示
资料来源：恩施州烟草专卖局(公司)

另一种是台地、梯地筑造。15～25 度坡地应分台降坡、砌筑梯埂、以埂分块，然后造田。该种整治方法以石埂梯地为典型代表，其主要施工顺序包括定线、清基、砌埂、填腔及坎顶修筑、整田平面五步。

定线：工程布置的基准控制线主轴线一般为主要机耕道路或骨干人行道。根据原坡耕地情况，确定梯田田面宽度、石坎高度和埂坎施工线，沿等高线放线，大弯就势、小弯取直，确保坎稳、面平、梯坎占地少，土地利用率高，耕作管理方便。

清基：必须清理至硬基后，再整平、砌坎。上一块田清基砌坎底线应低于下一块田平整后的土面0.6米，避免坎脚外露。

砌埂：根据埂坎断面工程设计参数，干砌块石间丁砌，上下层错缝成"品"字形，主石料为二人抬石（80千克以上），缝中以小石块填实，每道坎均匀砌筑，逐层升高，并做到稳、平、紧。

填膛及坎顶修筑：填膛材料为块石、渣土，耕作层为0.7米熟土回填；使用大而规整的石料压顶。

整平田面：根据原耕地坡度，较平缓田面可以整治为水平田面；原为10～25度坡面的，则可整治为缓坡田面。

2）突出"四宜"，创新山区土地整治新方式

对山区土地进行整治必须因地制宜，根据连片区内耕地状况，顺其自然，切不可不切实际地搞人工平原，也不能只有传统梯田一种类型。在地块设计上，采用"四宜"方法，宜平则平、宜坡则坡、宜台则台、宜梯则梯，既可达到实现机械作业、提高连片度两大目标，又能最大限度地减少工程量、减少投资，且适用、好操作，是土地整治的正确方法。"四宜"方法的具体标准如下：

"宜平则平"，对应平整片块。连片区内，地块基本平坦，田面坡度为5度以下，地块高差一米以内，但田块、路、沟不规则，影响机械操作。此类片块可以采取倒地埂、去除障碍物、小方量挖高填低、划分长方块的方法进行大片平整，实行方格规划，整治成平整的片块。

"宜坡则坡"，对应缓坡地片块。连片区内5～15度坡地，无需进行降坡整治，只进行清除障碍施工，理平田面，成为缓坡片块，即能满足机械作业。缓坡地透水、通风、透光性能好，有利于旱地作物，又能满足机械作业，是土地整治中选择的主要地块形态，凡能成为缓坡的，不必再整治成平地，可以省工、省投资。

"宜台则台"，对应台地单元片块。治理片块内顶、底高差较大，坡度为15～20度，不能满足机械作业要求。如果按全片大平整或全片一面缓坡的要求治理，需反复进行表、底土移动，搅乱耕层，影响作物正常生长发育，并导致工程量及投资巨大。解决方法是将大于15度的坡地砌筑台埂分为几个台级降低坡度，每台整治成小于15度的缓坡面，台面宽15米以上，各台间有机耕道，实现机械作业。

"宜梯则梯"。对应梯地单元片块。连片区内坡度为20～25度的耕地，难以实现机械操作，连片亦受限。此类片块采取砌筑梯埂的方法，经分为梯级后降低田面坡度，将原来不适于机械操作的坡地整治成小于15度的缓坡地面，石埂梯地因原地面坡度较大，梯面略窄于台地；单元内建机耕道，使过去孤立的梯块成为可以规模种植并进行机械作业的连片区，达到土地整治的目的。

平地、缓坡、台地、梯地是整治后耕地的主要形态，一个连片区内可能有两

种、三种或四种形态，这都是合理的，是山区土地整治因地制宜原则的具体体现。

"四宜"设计是山区土地整治的正确方法，使实现农业现代化的一项前提性、基础性建设—土地平整得以顺利进行，其意义重大。同时，由于这种设计使施工点限于每种地块单元内，分类、分段降坡，与整个连片区大降坡整治方法相比，工程量和投资量大大减少；而且其也不会产生长距离、大方量土壤位移，确保了表土层保护与复原这一保证土地整治质量的关键要求得以轻松操作、圆满实现。

3）坚持"八有"，确保山区土地整治有序推进

通过试点探索和总结完善，恩施州烟草专卖局（公司）提出了"有规划、有步骤、有领导、有专班、有标准、有依据、有程序、有资料"的"八有"工作标准，以确保各项工作有序开展。

一是有规划。恩施全州明确了土地整治总体目标。各县市分别制定了整县推进现代烟草农业建设总体规划和基地单元建设年度规划，在此基础上分年度编制基地单元基本烟田土地整治规划。同时，通过统一规划，实现了烟田水利设施、机耕路、育苗工场、烘烤工场、农机具等工程项目的系统设计和综合配套。

二是有步骤。严格执行"可行性研究及规划—申报审批—组织领导—项目设计及实施—项目验收"，形成较规范的工作步骤。

三是有领导。恩施州人民政府成立了烟叶生产基础设施建设领导小组，由相关县市政府成立基本烟田土地整治项目建设领导小组，领导小组下设办公室，由县市政府烟草产业发展办公室主任牵头，国土局、农业局、农经局、林业局、烟草公司等部门抽调专人组成，具体负责项目的规划、组织、实施、验收等工作。恩施州烟草专卖局（公司）成立基本烟田土地整治项目建设领导小组，切实加强组织领导力度。

四是有专班。恩施州及其县市抽调专人组建工作专班，全面负责项目的申报、设计、实施、技术指导、工作督办、资料收集、验收等工作，确保各项具体工作落到实处。项目启动初期，组织相应的入户调查、宣传动员队伍，做实做好当地农户工作；施工过程中，恩施州烟草专卖局（公司）及其县市直属单位均聘请有丰富实践经验的专业人员担任指导和片区专职监理，保证了项目顺利实施；还通过几年实践，筛选并相对稳定了有经验的施工队伍，有利于保证质量和工期。

五是有标准。为确保施工质量，恩施州烟草专卖局（公司）制定了土地整治技术规程、施工操作流程、《土地平整技术标准》《石埂梯地修筑标准》等，特别强调对表土耕作层（30 厘米左右）的保护、耕作层厚度等关键标准的要求。

六是有依据。按照国家烟草专卖局《全国基本烟田土地整治管理办法》，以及湖北省烟草专卖局（公司）《湖北省基本烟田土地整治项目实施办法》《湖北省土地整治工程施工及验收规范》及其他项目相关规定要求，编制州级、县市级实施方

案，有依据、有规范地组织开展土地整治工作。

七是有程序。坚持"宣传动员及调查—实地测绘设计—确定土地权属—划分施工期限—确定施工单位—施工项目管理—分级验收"的土地整治工作流程，做到项目前期有调研、有论证、有勘测、有方案；项目实施过程中严格技术规程、严格工程监理、严格督办进度，及时处理好各种矛盾和纠纷；项目竣工后按照听取汇报、实地查验、资金检查、验收评价和问题整改的流程严格组织验收。

八是有资料。项目档案包括项目计划、实施方案、请示及批复文件、规定图件、土地确权、招投标文件、工程施工、监理报告、整治前后对比影像资料、工作总结、财务账务及凭证、预算决算审计、政府相关文件、验收报告、运行管护等真实、完整的相关资料。

9.2.5　土地整治区域土壤修复及栽培配套技术

1. 整治区存在的主要问题

1）整治区土层较薄

整治区为典型的喀斯特地貌，原有土层较薄，加之土地整治时只有部分土壤源于外区域，因而对增厚本区域土层的效果微乎其微。根据对已有土地整治区的调查，土地整治区土层的平均厚度约为43厘米，其中大于70厘米的土层约占整个区域的10%，为50～70厘米的土层约占30%，为30～50厘米的土层约占45%，小于30厘米的土层约占15%。土层浅薄烟田保墒保肥能力差，降雨量偏多且集中时，容易产生大量水肥流失现象，导致烟株营养不良。

2）肥力水平降低，空间差异性加大

土地整治区不同类型的肥力状况都有一定下降，其中深度整治区的氮、磷、钾含量有明显的下降，且有效养分的变异系数均有所上升，说明土地整治区空间变异性增大。整体上，土地整治区土壤整治后肥力水平下降、有机质含量匮乏、养分空间变异性加大，这是该区域发展烟叶生产的一大问题。

3）土壤结构不谐调，质地偏黏

在土地整治过程中，土壤的空隙比发生了较大的变化，毛细管孔隙遭到严重破坏，通气孔隙和非活性孔隙占比大幅度上升。在降雨时，水肥容易通过通气孔隙产生大量渗漏，如降雨量偏大，还容易造成田间积水，产生涝灾。而且在整治中，大量新土层翻入耕作层使得表层土壤质地偏黏，不利于烟株扎根和养分吸收，加之毛细管孔隙度明显下降，遇到干旱时，无法有效获取地下水补给，容易遭遇旱灾。

4）有益微生物比重下降

土地整治后，土壤微生物群落平衡被打破，放线菌和蔗糖酶等微生物有益性指标下降，再加上机械翻动，导致土传病害发生率提高、土壤供水供肥能力下降，从而使烟株养分缺乏，自身的抗逆性能下降，很容易感病。

2. 主要措施

探索完善土壤修复及栽培配套技术。2012 年，恩施州土地整治区烤烟配套栽培技术推广面积达 4000 余亩，推广成效显著。根据调查，土地整治区烟株各时期发育及生长状况良好，田间烟叶长势整齐一致，达到了恩施州标准化生产中烤烟农艺性状规范的要求。同时，土地整治区病毒病发病率较低，为 1.9%，黄烟率大于 98.5%，说明通过实施此烟叶栽培技术可充分保障土地整治区烟叶的正常生长发育，达到"当年整治、当年种烟、当年受益"的目的。

1）增加耕翻次数，改善土壤团粒结构

耕作是改良土壤物理结构的主要措施之一，其中，强化深耕和起垄等措施与其他陪肥地力相结合才能有效改良和维持土壤地力。土地整治区域翻耕一般为每年 4 次左右，两次深翻，两次旋耕，逐年深耕 4～5 厘米，逐渐加厚耕作层厚度，可粉碎大土块，有效降低土壤容重，打破土地整治过程中形成的犁底层，解决上层滞水问题，提高土壤的渗水和储水能力，提高新土和熟土的混合均匀度，降低土壤空间变异程度，加速土壤熟化。

2）重施有机肥，补充生物菌肥，优化土壤性状

增施有机肥和生物肥可优化土壤微生物群落结构，提高土壤阳离子交换量，增加土壤养分的有效性，加速土壤团粒结构的形成，从而提高土壤的生产力。针对不同整治程度确定土有机肥施用量（表 9-1），全部有机肥作基肥条施于垄底。生物肥以补充有益微生物为主，通过添加到陪嫁土中使用。

表 9-1　土地整治区有机肥配比表　　　　　单位：千克

整治程度	牛粪	烟草秸秆生物有机肥	金丰叶有机肥
重度	2000～2500	200	150
中度	1500～2000	150	100
轻度	1000～1500	100	50

3）实施"三先""三带"技术，促进烟苗早生快发

移栽前 15 天左右，完成"三先"（先施肥、先起垄、先覆膜）工作，有利于地温升高和有机肥的发酵，有机质能够得到有效的矿化，提高垄体内养分转化率，维持烟苗早期根系生长所需水分和温度条件，抵御恶劣气候条件的影响。移栽时则要做到"三带"，即带水（浇足稳根水）、带肥（通过陪嫁土带入）、带药，促进烟苗快速还活并预防病虫害。

4）使用陪嫁土，为前期生长创造良好环境

土壤整治区土壤的供水供肥能力差，需精心配制养分丰富且疏松的陪嫁土，

并加大其使用力度，为前期生长创造良好环境。移栽时全部使用陪嫁土围兜，用量为 1.5～2 千克/株。陪嫁土养分丰富、质地疏松，可为烟苗前期生长创造良好环境。每 1500 千克陪嫁土采用 60% 过筛细土，配拌入 40% 火土灰、50 千克烟草秸秆肥、5 千克过磷酸钙和充分水溶的 3 千克复合肥以及适量水分，混合均匀，过雨后堆积发酵。

5) 分区变量施肥，促进烟株均衡生长

精准施肥以 3S 技术 [RS(remote sensing，即遥感)、GIS(geographic information system，即地理信息系统)、GPS] 为平台，可直观分析空间内土壤养分变化状况，结合已建烟叶生长施肥模型和烟叶生产目标，采用对农业生产区域进行精细化管理的技术措施，以提高资源利用率、改善生态环境，是提高农业生产质量的有力技术手段。

6) 推行低起垄、高培土模式，增强烟株水肥吸收能力

土地整治区域中的土壤质地偏黏，尤其是重度治理区域整治土壤孔隙不协调，表层导水能力低，下层毛管孔隙输水能力差，如按标准起垄可能会降低烟苗吸水吸肥能力。低起垄、高培土技术措施可以使烟苗移栽后主根系接触到地表，有效利用地表以下水分，促进烟株对底肥养分的吸收。同时，揭膜后实施高培土措施，促进了不定根的生长，减少了水分的蒸发，间接提高了烟株吸水吸肥的能力。

7) 秸秆覆盖

烟田地膜覆盖栽培能增温保墒，有利于烟草的生长，提高烟草产量和品质。揭膜后进行秸秆覆盖，可增强土壤的蓄水保墒能力，提高烟田土壤肥力，降低土壤容重，降低土壤 pH 值和地温，增加土壤微生物活性。目前，恩施州可用于秸秆还田的秸秆量约为 50 万吨，其中可用于还田的烟草秸秆潜在供应量为 7.2 万吨，有力地保证了整治区域秸秆覆盖保温保湿技术的推广，防止由于整治区结膜后土壤水分快速散失、垄体温差大而影响烟叶产量和品质。

9.2.4 未来发展

土地整治可有效提高机械化作业水平，降低劳动成本。基本烟田土地整治对山区来说是一次千载难逢的历史发展机遇，是烟叶规模化种植、集约化生产的基础，是机械化作业、降低劳动强度、减工降本、增加农民收益的有效手段。2012 年 3 月国务院颁布的《全国土地整治规划(2011—2015 年)》，也为加大土地整治力度，建设高标准基本烟田提供了政策性的指导。目前，以土地整治为基点，建设高标准基本烟田将成为未来一段时间提升烟叶生产水平的重点之一。恩施州烟草专卖局(公司)按照国家烟草专卖局赋予的职责，不等不靠，积极参与，主动工作，确保将基本烟田土地整治工作做成新的"民心工程、放心工程、德政工程"；以"清江源"科技园区建园以来土壤修复及配套栽培经验为基础，制定了土壤整治区域土壤修复

及栽培技术要点。但是，随着土地整治面积的不断扩大，恩施州土地整治工作必将迎来新的问题，需及时对此技术进行完善，特别是将防治石漠化的理念有机融入土地整治与修复保护中，才能有效实现土地整治区域生态环境与烟叶生产的可持续发展。

9.3 绿肥改良

"清江源"科技园区生态环境良好，适合优质烟叶的生产，但若要保持科技园区的可持续发展，土壤保育是关键。绿肥是我国农作物种植制度中重要的轮作倒茬作物，它不仅是一种重要的有机肥源，而且在改良土壤和克服连作障碍等方面具有十分重要的意义。"清江源"科技园区在建园之初就将"烟草—绿肥"轮作模式作为科技园区土壤保育的主要措施。

9.3.1 主要研究内容

采取田间定位试验，研究连年翻压绿肥对"清江源"科技园区土壤理化性状及生物性状的影响。

9.3.2 主要结论

"烟草—绿肥"轮作模式研究集成了烟草—光叶紫花苕子的生产利用模式，形成了生产技术规程，基本明确了绿肥播种时期、播种量、播种方式、田间管理技术及翻压期和翻压量。其并探索了绿肥对烟草及烟田土壤的影响，初步结果表明，施用绿肥可以减少烟草化肥施用量、明显减轻烟草连作障碍；改善烟草养分状况、提高烟叶品质；调节土壤微生物群落结构、影响土壤过氧化氢酶和磷酸酶活性，土壤生物性状得到明显改善。

土壤环境条件是影响烟草品质的重要生态因素之一。土壤的物理性状影响到烟叶的内在品质和外观质量，所以具有良好物理性状的土壤种植烟草是获得烟叶优质稳产的基本条件。翻压绿肥后降低了 60～120 毫米土层的紧实度，且该土层的紧实度与翻压绿肥量呈负相关，这表明翻压绿肥改善了土壤的疏松状况，对烟株的根系发育有明显的促进作用；翻压绿肥后土壤中大于 0.25 毫米的团聚体数量、平均重量直径（mean weight diameter，MWD）和几何平均直径（geometric mean diameter，GMD）均高于常规施化肥处理，表明长期翻压绿肥后使土壤中的团聚体数量增多、平均粒径团聚度增高、稳定性增强，土壤中的活性有机质含量与翻压绿肥量呈正相关。

　　土壤微生物数量多、区系复杂有利于作物生长。在土壤微生物生态系统平衡的情况下，微生物的数量和活性是衡量土壤肥力的指标。微生物的种类越多，土壤健康状况越好，如放线菌和细菌能够转化土壤养分，有利于植物健康成长，同时，微生物的营养抗性可以抑制影响土壤质量的有害生物的生长繁殖。随着种植年限的增长，翻压绿肥后土壤中的细菌、真菌和放线菌均呈现不同幅度的上升趋势，而不施肥的对照处理的微生物区系与之相反，均呈现不同程度的下降趋势。常规施化肥处理随着种植年限的增长，土壤中放线菌呈现小幅增长趋势，细菌和真菌基本不变，这样不利于土壤养分的转化，对作物的生长产生不利影响。郭红祥（2002）等研究认为，土壤中细菌、放线菌和真菌3大类群微生物的数量与烟叶的产量、质量呈正相关关系，翻压绿肥量均与土壤中的细菌、真菌和放线菌3大类群微生物的数量呈正相关性，且均高于常规施肥处理，这表明翻压绿肥后刺激了土壤中微生物的生长，对于提高烟田土壤肥力，提高烟叶的产量、质量都能起到一定的作用。随着种植年限的增长，翻压绿肥处理中土壤微生物量碳的含量呈逐年增加的趋势，而常规施肥处理和不施肥对照处理中土壤微生物量碳的含量则变化不大；土壤中微生物量碳的含量与翻压绿肥量呈正相关，且随着翻压绿肥年限的增长，土壤中的微生物量碳含量较常规施肥处理均有一定的提高。

　　土壤酶活性是土壤生物活性和土壤肥力的重要指标，随着种植年限的增长，翻压绿肥处理的土壤中脲酶和过氧化氢酶的活性均呈逐年上升的趋势，而土壤酸性磷酸酶活性则呈逐年下降的趋势；常规施肥处理随着种植年限的增长，土壤中的酸性磷酸酶和脲酶的活性基本变化不大，但过氧化氢酶的活性呈小幅上升趋势。翻压绿肥后土壤中的酸性磷酸酶含量均高于常规施肥处理，且翻压高量绿肥后土壤酸性磷酸酶活性较翻压低量绿肥处理有降低的趋势。土壤中脲酶的活性与翻压绿肥量呈正相关，与常规施肥相比，翻压15 000千克/平方米绿肥后会降低土壤中脲酶的活性，而翻压30 000千克/平方米绿肥有利于恢复和提高土壤中脲酶的活性。土壤中过氧化氢酶的活性与翻压绿肥量呈正相关，翻压绿肥后酶活性较常规施肥处理有明显的提高。

9.4 精准施肥

　　农田精准养分管理的概念和技术已经在世界许多地区推广开来。我国在20世纪90年代后期开始以土壤及其种植管理模式为对象，开展了大量有关土壤养分空间变异规律及变量施肥技术的研究，在精准农业有关理论和技术方面进行了多方面的探索。在规模经营条件下，形成了土壤养分监测管理与图制作技术、田间变量施肥自动控制技术、土壤养分空间预测及图制作技术、精准农业体系的网络取样技术等，形成了适用于规模经营的农业施肥技术体系；在小规模分散经营条件下，中国农业科学院土壤肥料研究所在河北邯郸市和河北辛集市对实施相对精准农业、建立土壤养分分区管理模型进行了研究和试点，均取得了良好的效果；近年来，在云南、辽宁等多个省份，基于 GIS 的植烟土壤养分空间变异、土壤肥力分区和施肥区划、土壤肥力的适宜性评价等的研究及其应用均见诸报道，并取得了良好的效果。

在湖北恩施"清江源"科技园区开展精准施肥的研究与示范，旨在提高科技园区烟叶生产的肥料利用率和烟叶生产的效率，减少烟叶生产中不合理施肥对环境的负面影响，有利于烟叶产业的健康可持续发展；同时对引领和带动恩施州乃至湖北省的现代烟草农业具有重要意义。

9.4.1　研究思路与方法

1. 精准施肥实现的思路

利用 GIS 数据采集器构建烟区数字化地块分布图和土壤采样点分布图；分析土壤属性和有效养分特征；对土壤养分数据进行描述性统计和一般变异分析；在 ArcGIS 平台上做出土壤养分分级图，并分析其空间分布规律；在多年研究成果基础上提出烟草施肥推荐指标，开发养分管理和烟叶推荐施肥平台，耦合土壤养分信息系统和推荐施肥程序，实现区域变量精准施肥。精准施肥技术流程见图 9-3。

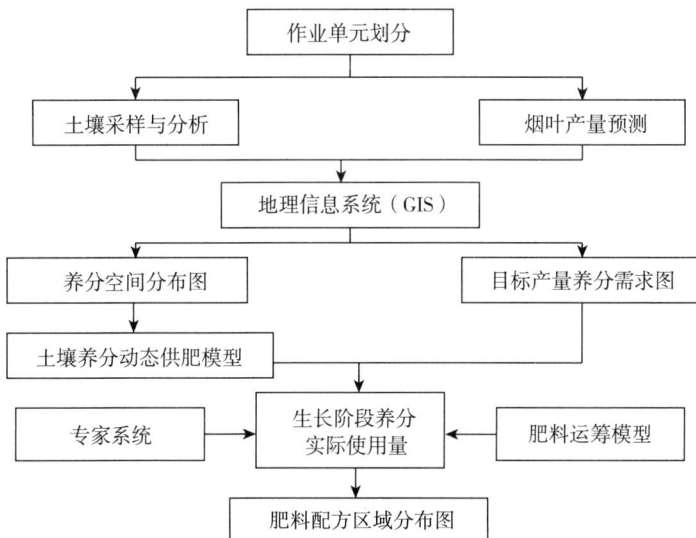

图 9-3　精准施肥技术流程

2. 土壤取样

大尺度土壤取样：将整个"清江源"科技园区视为大尺度研究区域，烟叶种植面积约 3500 亩，按照约 30 亩取一个土壤样品的要求共取土壤样品 120 个。

中尺度土壤取样：将望城片区视为中尺度研究区域，烟叶种植面积约 330 亩，根据土壤肥力的实际变化、自然田块的分布和地形地势的变化取土壤样品，共取土壤样品 62 个，取样密度约为 5.0 亩/个。

小尺度土壤取样：在望城片区选取坡度小于 5 度、相对高差小于 10 米的一片区域作为研究区域(面积 26 亩)，根据自然田块的分布和地块内微地形等特征确定取样密度进行加密取样，取土壤样品 18 个，取样密度约为 1.5 亩/个。

3. 土壤养分分级图的制作与推荐施肥系统的开发

在 ArcGIS 平台上制作不同尺度的土壤养分分级图；在 Eclipse＋Java1.7 环境下开发烟草施肥推荐系统。

9.4.2 主要研究结果

1. 构建园区数字化烟区地块分布图

用高精度 GIS 数据采集器勾画了"清江源"科技园区的烟区分布图(大尺度)，以及中、小两种尺度数字化区域地块分布图。大尺度烟区分布图有助于全面了解园区烟田的分布状况，并且是绘制烟区土壤养分空间分布图的基础；中尺度和小尺度数字化区域地块分布图真实地反映了研究区域烟田的实际分布状况，可以清晰地辨明自然田块的边界，测算田块的面积，是实施精准施肥的前提。

2. 土壤属性和速效养分特征

土壤养分的变异性是指在一个质地视为均一的区域内，在同一时间不同地点上的土壤性质存在明显的差异性，这种差异性往往是土壤母质、气候、灌溉及生物活动(包括耕作)上的差异造成的。土壤养分的变异性为栽培过程中的养分管理带来了难度，不同区域土壤养分变异性的大小是实施精准施肥过程中确定土壤取样密度的主要依据。

表 9-2 的分析表明，不同的土壤属性指标在不同尺度条件下的变异系数和偏移量差别很大，土壤 pH 和土壤水溶性硼的变异系数和偏移量较小，而且随取样尺度的变化也不明显；但有机质、碱解氮、速效磷、速效钾、交换性镁、有效锌指标随尺度的变化很大，其会随着尺度的变小而变小。在望城片区，在小尺度取样密度条件下，各土壤属性的变异系数和偏移量均降至较低的水平，表明小尺度取样可以满足精准施肥的要求。

表 9-2　不同尺度下土壤属性和速效养分变异性分析

土壤属性	变异	大尺度	中尺度	小尺度
pH	平均值	6.6	6.8	6.7
	范围	5.6~7.4	6.2~7.1	6.6~6.9
	偏移量/%	-1.5	1.5	1.5
	变异系数/%	5.8	2.6	2.4
有机质	平均值/(克/千克)	17.2	15.7	16.3
	范围/(克/千克)	5.8~27.3	6.9~27.3	9.2~18.6
	偏移量/%	8.1	1.9	3
	变异系数/%	29.8	28.1	19.1
碱解氮	平均值/(克/毫克)	117.1	98.7	94.8
	范围/(克/毫克)	37.3~146.7	46.3~146.7	59.2~113.0
	偏移量/%	16.1	0.9	-4.9
	变异系数/%	30.1	23.1	15.7
速效磷	平均值/(克/毫克)	20.2	22.2	18.4
	范围/(克/毫克)	2.9~75.8	4.26~75.8	12.0~25.4
	偏移量/%	20.5	18.2	-2.5
	变异系数/%	74.8	52.2	23.2
速效钾	平均值/(克/毫克)	114.8	132.7	106.6
	范围/(克/毫克)	32.5~231.5	82.5~231.5	96.5~124.0
	偏移量/%	-6.3	5.8	4.2
	变异系数/%	35.9	24.7	9.1
交换性镁	平均值/(克/毫克)	160.8	170.4	134.8
	范围/(克/毫克)	55.2~290.4	66~290.4	84.0~159.4
	偏移量/%	6.4	5.5	4.8
	变异系数/%	31.3	29.5	22.2
有效锌	平均值/(克/毫克)	1	0.8	0.8
	范围/(克/毫克)	0.17~2.13	0.21~2.13	0.46~1.14
	偏移量/%	36.1	16.3	0
	变异系数/%	55.8	44.1	22.4
水溶性硼	平均值/(克/毫克)	0.4	0.43	0.45
	范围/(克/毫克)	0.30~0.63	0.32~0.58	0.38~0.51
	偏移量/%	5	0	0
	变异系数/%	12.7	12.6	10.6

3. 基于 GIS 的园区土壤养分分布图和肥力评价

建立"清江源"科技园区土壤养分数据库，在 GIS 平台上制作土壤养分分布图并对园区土壤肥力进行评价是开展精准施肥工作的基础。不同尺度的土壤养分分布图所覆盖的区域面积差别很大，土壤肥力的变异也不一样，因此对生产的指导意义也不一样。

1)大尺度条件下的园区土壤养分分布图及肥力评价

"清江源"科技园区大尺度的取样密度为 30 亩/个，每个取样点代表一个相对独立的区域，因此，大尺度养分分布图对某一相对独立区域的养分管理具有参考意义，同时对判断整个园区的土壤肥力水平和宏观生产管理具有指导意义。从图 9-4 也可以看出，大尺度条件下的养分分布基本呈条块状，反映了小区域生态等对土壤养分的影响。从"清江源"科技园区土壤有机质和碱解氮含量的分布来看，园区土壤的供氮能力处于中偏下水平，这有利于烟叶生产中后期的氮素管理，适合生产优质烟叶；园区土壤的供磷水平中等、供钾水平处于低水平，小部分区域缺镁，大部分区域缺锌和硼。

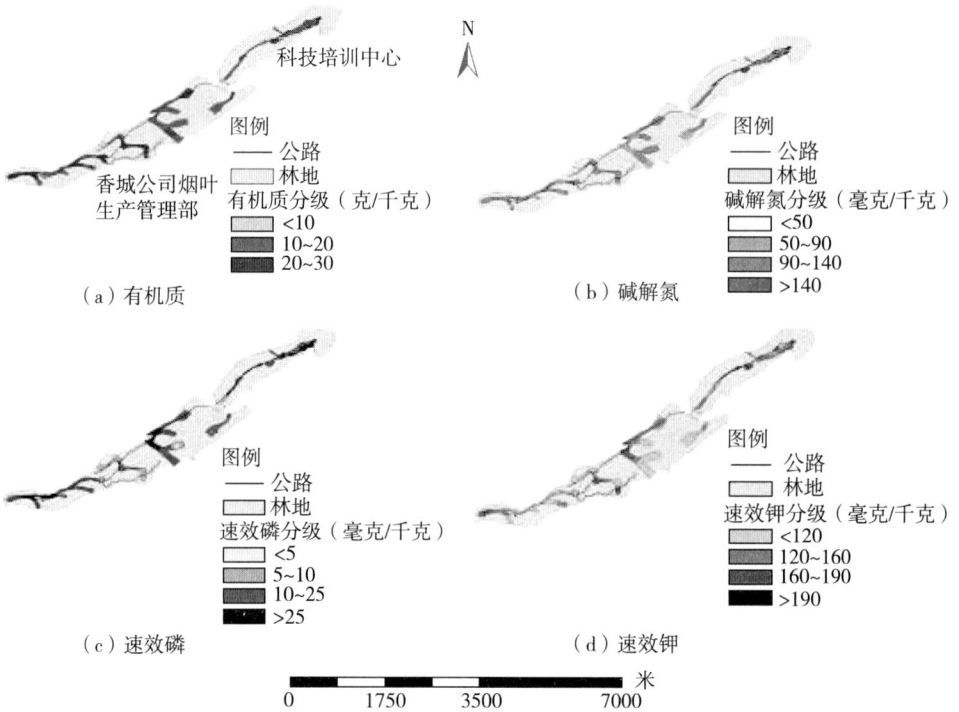

图 9-4　大尺度条件下园区土壤养分分布图

2)中尺度条件下的园区土壤养分分布图及肥力评价

选定望城片区作为中尺度取样的区域并开展分析，取样密度约为 5.0 亩/个，取样参考了小区域内肥力水平的差异、自然田块的边界和地形部位的差异，养分分布图可以反映大田块的实际供肥水平，因此对田块的施肥具有实际的指导意义。从图 9-5 也可以看出，中尺度条件下的养分分布呈"插花"状，这反映了耕作等人为措施对土壤肥力的影响。总体来看，望城片区的供氮水平基本与"清江源"科技园区的整体供氮水平一致；土壤供磷水平处于中等偏高水平，高于"清江源"

科技园区的总体水平；从土壤速效钾含量的分布来看，望城片区的土壤供钾水平处于中等偏低水平，与"清江源"科技园区的整体水平相当，该区域土壤交换性镁、有效锌和水溶性硼含量基本与园区水平相当。

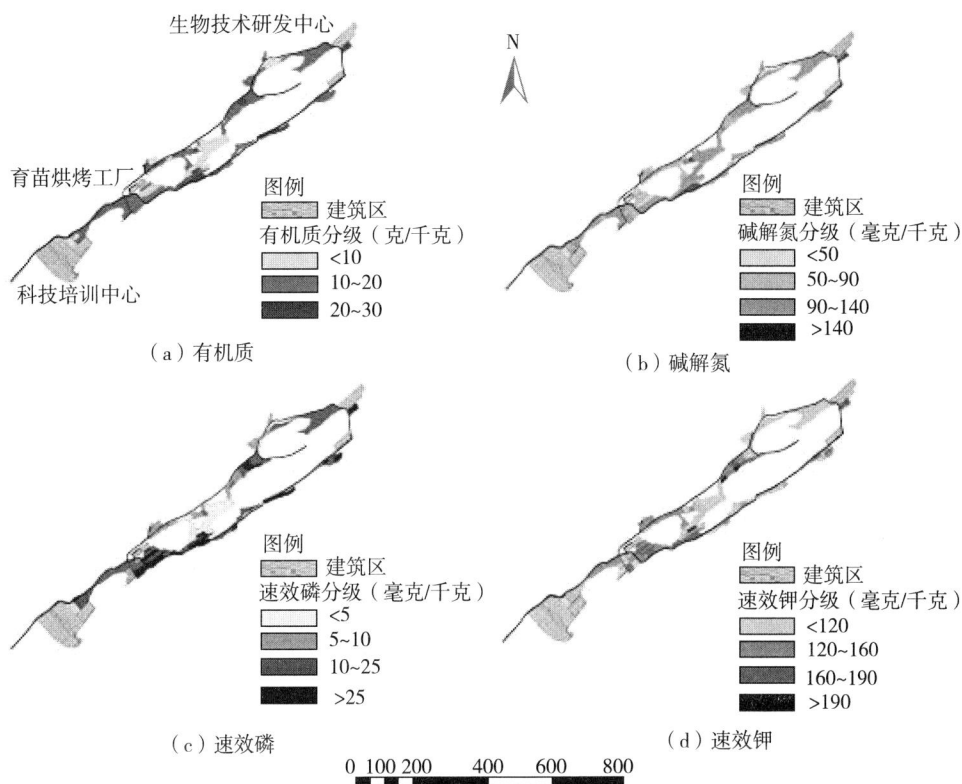

图 9-5　中尺度条件下园区土壤养分分布图

3)小尺度条件下的园区养分分布图及肥力评价

小尺度取样不仅考虑了田块的自然边界，而且考虑了田块内地形和土壤肥力的差异，尽量使各"田块"的土壤肥力基本一致，因此小尺度养分分布图能够真实反映各小田块土壤肥力的差异，是实现精准施肥的基础。本章的研究选取"清江源"科技园区望城片区科技培训中心至椿木坪的一片烟田作为研究区域。从图 9-6 可以看出，小尺度土壤养分分布图中土壤有机质和碱解氮含量基本与望城片区相当，但分布范围明显较大尺度和中尺度集中；土壤供磷能力均在中等的范围内；土壤速效钾含量总体处于低水平，也低于望城片区的土壤供钾水平。

从上面的分析可以看出，研究尺度越大土壤养分分布图越复杂，主要表现在土壤养分属性分布的等级上。在"清江源"科技园区范围内，在大尺度和中尺度条件下，土壤养分分布图分布在 3~4 个级别范围内，而在小尺度条件下，土壤养分分布图大多集中在 1~2 个级别上，因此小尺度条件下园区土壤养分分布图基

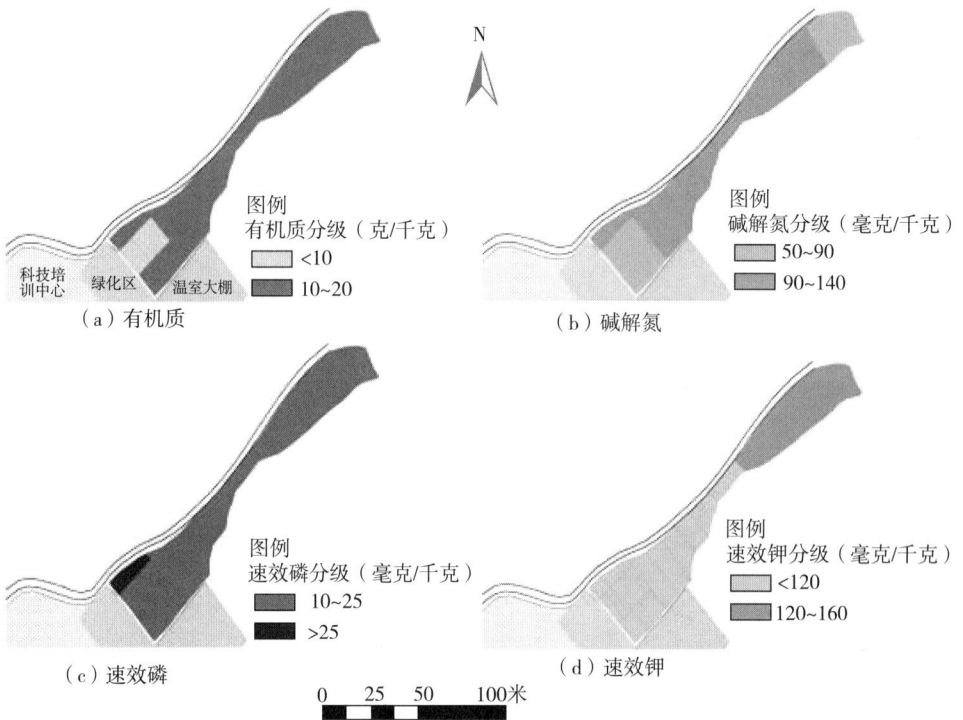

（a）有机质

图例
有机质分级（克/千克）
□ <10
■ 10~20

科技培
训中心　绿化区　温室大棚

（b）碱解氮

图例
碱解氮分级（毫克/千克）
□ 50~90
■ 90~140

（c）速效磷

图例
速效磷分级（毫克/千克）
■ 10~25
■ >25

（d）速效钾

图例
速效钾分级（毫克/千克）
□ <120
■ 120~160

0　25　50　100米

图 9-6　小尺度条件下园区土壤养分分布图

本可以满足精准施肥的需要。

4. 专家推荐施肥咨询系统的开发

在 Eclipse+Java1.7 环境下开发烟草推荐施肥专家咨询系统，实现推荐施肥、系统管理和用户管理三大功能。系统包括首页、养分概况、推荐施肥、烟草营养、测土施肥规范和系统更新六大模块（图 9-7）。

恩施州烟草推荐施肥专家咨询系统										
首页			养分概况		推荐施肥		烟草营养			测土施肥规范	系统更新
烟区概况	公司介绍	开发背景	总体概述	区域评述	推荐施肥流程	土壤养分数据库	营养特性	营养诊断	主要肥料	现代烟草农业基地单元测土配方施肥技术规范	根据取样检测结果，更新不同地块养分状况、当年烟草种植营养状况

图 9-7　烟草推荐施肥专家咨询系统

养分概况模块主要介绍恩施州烟区土壤肥力概况，并对各县（市）现代烟草农业基地单元的土壤肥力进行分述；推荐施肥模块介绍了推荐施肥的流程，并建立了恩施州烟区 8 县（市）土壤养分数据库（2002～2012 年的土壤取样检测结果）；

烟草营养模块介绍了烟草营养的基本知识，主要包括烟草营养特性、营养诊断和主要肥料三个方面；测土施肥规范模块介绍了湖北省现代烟草农业基地单元测土配方施肥技术规范；系统更新模块介绍了本系统更新的内容及方法。

推荐施肥专家咨询系统在考虑土壤氮、磷、钾等大量元素肥力指标的基础上还考虑了土壤 pH 值、有机质以及镁、锌、硼、氯等中微量元素指标，同时还考虑了土层厚度、质地等土壤非肥力因素以及烟草类型等。推荐施肥流程如下：

单个样本推荐施肥流程：输入基本烟田信息→提交处理→选择非养分因素→土壤肥力评价→推荐施肥。

批量样本推荐施肥流程：浏览文件→提交处理→选择非养分因素→土壤肥力评价→推荐施肥。

下一步的研究工作重点是优化推荐指标(如根据烟草类型的差异进行推荐)，将本系统与 GIS 很好的融合，同时开展试验与示范工作，对系统进行进一步的验证和优化，进一步提高系统的实用价值。

9.5　有机肥施用

国内外研究表明，土壤生态环境对烟草品质的影响占 49%，营养调控的贡献占 37%，其他因素占 14%。恩施全州植烟土壤目前现状：一是农业生产长期对植烟土壤的掠夺性导致植烟土壤地力下降，烟草生长必需的营养元素严重匮乏；二是大量使用化肥并长期"只种不养"，土壤结构遭到破坏，有机质含量下降，植烟土壤板结，通透性和疏松度变差，有碍于烟株根系的生长发育和有效养分的吸收利用。在烟叶生产上，有研究表明：施用充分腐熟的饼肥能够改善烟株根际环境，增强根系活力，促进叶片开展，增加土壤有机质，提高烟叶油分和香气量。施用腐植酸肥料能够降低烟株根区土壤的 pH 值，对烟株根系产生刺激作用，提高烤烟对钾元素的吸收；此外，施用腐植酸有机肥料能增加植烟土壤的贮水量，减轻干旱对烟草生长的影响，促进烟叶生长发育，并可在一定程度上改善烟叶外观质量，增加烟叶产量，协调烟叶主要化学成分。

恩施州烟草专卖局(公司)结合"清江源"科技园区土壤肥力状况及烟叶质量评价情况，开展不同有机肥生产示范与试验研究，比较不同有机肥的应用效果，以寻求合适的有机肥料种类及适宜的有机肥施用量。

9.5.1　主要研究内容与技术路线

1. 主要研究内容

主要研究不同种类有机肥在烟叶生产上的应用示范和三种生物有机肥替代不

同比例施氮量试验(菜枯替代不同比例施氮量试验、烟秆有机肥替代不同比例施氮量试验、龙安有机肥替代不同比例施氮量试验),共计 4 个专题(图 9-8)。

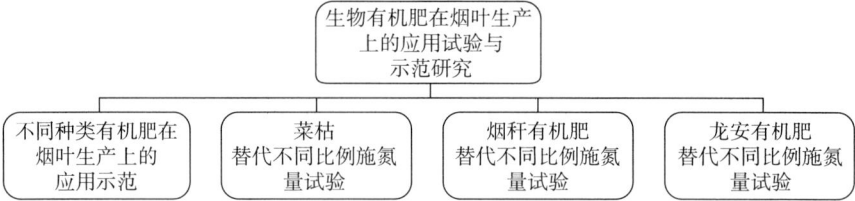

图 9-8　有机肥应用示范研究

2. 技术路线

有机肥应用示范研究技术路线见图 9-9。

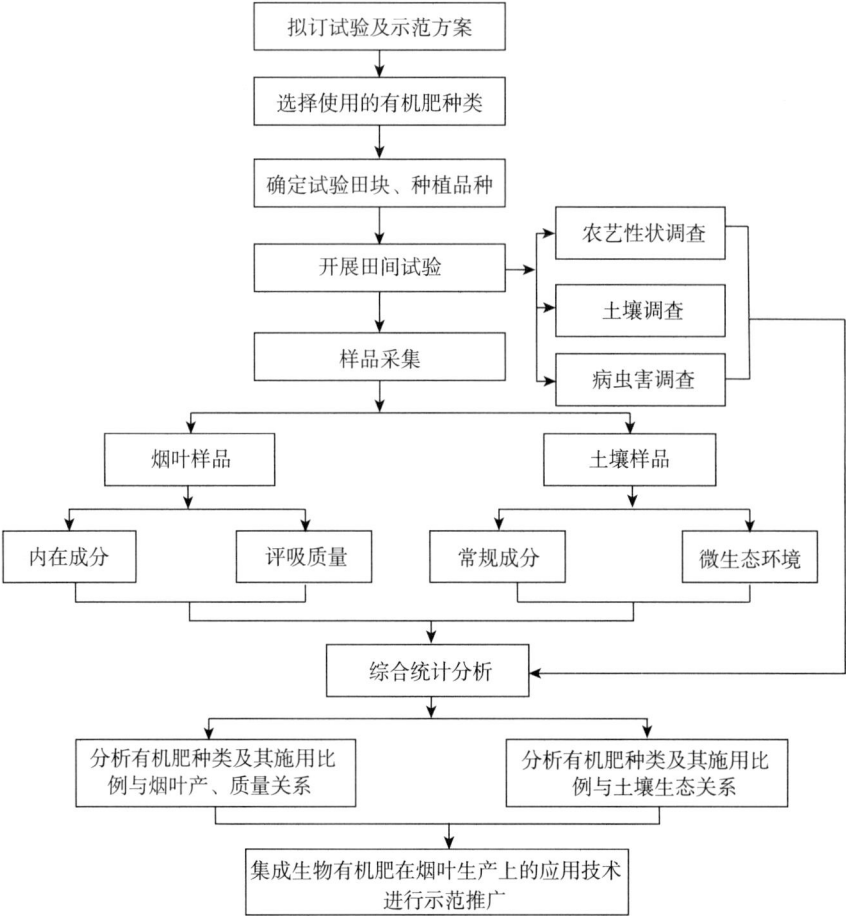

图 9-9　有机肥应用示范研究技术路线

9.5.2　主要研究结果

研究表明，在烟叶生产上配施有机肥能起到提质增香和改良土壤生态的作用，主要与其改善土壤结构、提高有机质含量、调节 pH 值、促进氮磷钾养分供应平衡和碳氮代谢协调与转换、利于土壤硝化过程的进行有关。通过试验研究，得出以下结论：

（1）施用有机肥能为烟株生长提供充足的氮；施用菜枯可以显著提高土壤中速效磷含量；施用美旺有机肥能够显著提高土壤中速效钾含量；施用有机肥能够提高土壤交换性钙和交换性镁含量；除烟秆和农安有机肥外，其他有机肥可以提高土壤阳离子交换量；施用烟秆、龙安、金丰叶和农家肥能够提高土壤 pH 值，是解决土壤酸化问题的有效措施；施用有机肥可以增加土壤酸性磷酸酶活性，提高土壤肥力；施用有机肥能够提高土壤含水量，且以金丰叶有机肥提高幅度最大。除龙安和美旺有机肥外，其他有机肥可以提高土壤总孔隙度。

（2）施用不同有机肥后对烟株的农艺性状、经济性状、抗病性和土壤保水性有一定影响，部分有机肥对烟株中、上部叶片的开展起到较好的促进作用，部分有机肥能提高烟叶经济性状，降低病毒病发病率，提高土壤保水性，这可能与有机肥的养分含量、活性微生物菌功能及施用后对土壤颗粒的调节改善有关。

（3）施用不同氮替代比例的有机肥对烟叶的农艺性状影响不同。例如，增加菜枯施用量对烟株促进叶片开展效果明显。随着烟秆有机肥或龙安有机肥施用量的增加，烟株部分农艺性状值呈降低趋势，这可能与有机肥的养分供应能力、有效供应周期及微生物菌有关。

施用不同氮替代比例的有机肥对烟叶的经济性状影响不同。例如，随着菜枯替代常规氮比例的增加，烟叶产量有逐步增加的趋势，但产值和均价在替代30％达到最高值后却并不随之增加，可能与过量施用菜枯后烟叶内在协调性变差、不易烘烤、上中等烟率降低有关。随着烟秆有机肥或龙安有机肥替代常规氮比例的增加，尽管均价先有所增长，但产量呈逐步递减的趋势，且产值在替代30％达最高值以后亦呈递减趋势，说明烟秆有机肥和龙安有机肥替代常规氮比例不是越多越好。

施用不同氮替代比例的有机肥后对烟株的抗病性和土壤保水性影响不同，以烟秆有机肥和龙安有机肥为例，适量施用有机肥可以降低病毒病发病率，但替代比例过大，发病率反而会增加，同时，适量施用有机肥可以提高土壤保水性。

（4）施用不同种类有机肥对烟叶内在化学成分影响不同。施用有机肥均能提高初烤烟叶中的总糖含量；除金丰叶有机肥外，其他有机肥均能提高初烤烟叶中的还原糖含量；施用有机肥能够增加初烤烟叶中钾的含量；除美旺有机肥外，其他有机肥均能降低初烤烟叶中的氯含量；施用有机肥可以降低上部叶和下部叶中的总氮含量，施用龙安和美旺有机肥能够降低中部叶中总氮的含量；施用有机肥均能明显降低初烤烟叶中的烟碱含量，且以烟秆有机肥的降低幅度最大；施用烟秆有机肥可以降低中、下部叶中的淀粉含量；施用有机肥，初烤烟叶糖碱比、氮碱比和钾氯比更加趋于协调；施用有机肥可以改善烟叶香气质，增加香气量，使烟叶余味更加舒适，杂气减轻，刺激性减轻，评吸质量总体得到了提高。

　　不同种类有机肥在土壤修复上的应用研究表明：施用有机肥后能促进烟株发育，提高其抗病能力，提高烟叶的上中等烟比例，以烟秆、龙安和美旺有机肥效果较好；施用有机肥能够提高土壤交换性钙和交换性镁含量、增加土壤酸性磷酸酶活性和土壤含水量；除烟秆和农安有机肥外，其他有机肥可以提高土壤阳离子交换量；烟秆、龙安、金丰叶和农家肥能够提高土壤 pH 值，是解决土壤酸化问题的有效措施；除龙安和美旺有机肥外，其他有机肥可以提高土壤总孔隙度；施用菜枯、农家肥、烟秆有机肥、美旺有机肥和金丰叶有机肥可以提高土壤细菌数量；施用各种有机肥均能提高土壤真菌数量和土壤放线菌数量。

第 10 章

废水、废弃物的循环利用

农业面源污染已经成为我国农村生态环境恶化的一个主要原因，严重制约了农业和农村经济环境的可持续发展。加强农业面源污染治理，是保证农产品质量的基本前提，也是改善农村生活环境、建设生态文明、协调人与自然关系的内在要求。农业面源污染问题要按照现代农业和可持续发展的要求，用发展和引导的办法来解决。"清江源"科技园区的农业废水、废弃物是主要的环境污染源，同时也是巨大的生物质资源库，具有"双重性"。通过合理的加工利用可以减少农业废水、废弃物对环境的危害；通过降低废水、废弃物资源化成本，可以开发高值产品，提高"清江源"废弃物资源化和无害化处理率，提高科技园区作物品质，保护园区环境。

10.1 废水资源循环利用

10.1.1 背景

"清江源"科技园区承担各项有机农业生产任务、会议接待和旅游开发任务，其生产、生活用水需求将会不断地增加，也会不断地产生生产和生活污水。"清江源"科技园区的污水来源主要是常驻人员和游客产生的生活污水、菌种厂和生物有机肥厂加工产生的生产污水、实验室产生的含有部分化学药剂的污水。构建一个现代化、高效率的污水处理系统，对于解决生产、生活污水给园区带来的污染，促进水资源二次利用具有重要现实意义。

10.1.2　循环利用情况介绍

加工业和旅游业产生的生产、生活污水通过"清江源"科技园区内的污水处理系统排入氧化塘，经过沙滤等几道处理后的污水可达到一类地面水标准，可以用于农业灌溉或排入池塘养鱼。另外，实验室产生的实验污水，由于含有大量有害的化学成分，需经过特殊的生化污水处理系统后方可进入地下水循环。

综上，水资源循环利用情况如图 10-1 所示。

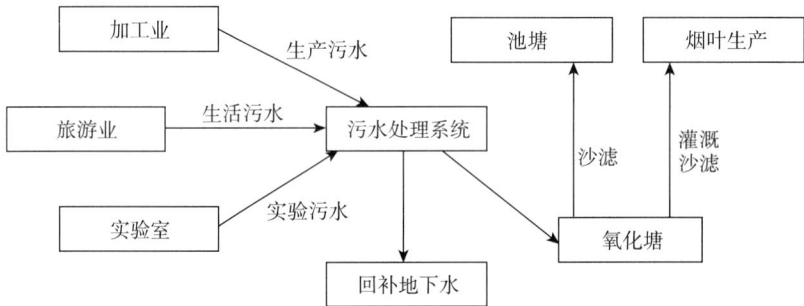

图 10-1　水资源循环利用

10.1.3　发展现状

1. 科技园区污水处理系统

"清江源"科技园区污水处理系统的设计，是根据总体布局和建设时序，结合市域经济、地形条件和环境要求，采取近、远期相结合，分步实施的方针，逐步解决污水排放对地域造成的污染，达到了提高环境质量、保护环境的目的，遵循了可持续发展的原则，坚持了"开源与节流并重、节流优先、治污为本、科学开源、综合利用"的原则。

"清江源"科技园区所采用的污水处理工艺除了具有去除有机污染物和悬浮固体的效果外，还具有脱氮除磷的功能，对污水的处理能力已经达到了较高水平。

污水采用厌氧-缺氧-好氧法（A_2O）的活性污泥技术后经过石英砂过滤，活性炭吸附，二氧化氯消毒后用于回用。中水回用主要流程如下：生活污水由排水系统收集后，进入污水处理站的格栅井，经由格栅去除颗粒杂物，自流至调节池，水质水量得到均化。调节池出水由泵提升至缺氧池。缺氧池内设潜水搅拌机以促进水解酸化反应。污水在池内进行水解酸化，将难以进行生物降解的有机物转变为易于生物降解的有机物，利于后续好氧反应段的可靠运行。缺氧池出水流到接触氧化池，在接触氧化段中采用 XQS 生物菌群处理，能快速、高效降解有机污染物，净化污水，使 CODcr(即重铬酸盐指数)和 BOD_5(即 5 日生化需要量)等水质指标达到处理要求。接触氧化池出水自流入沉淀池，处理水澄清后自流到中间水池，通过二级提升泵至过滤系统进行深度处理，出水进入消毒池，投加二氧化氯(ClO_2)灭菌消毒，即可排出，通过三级提升泵至水塔进行回用。二级生化池的 50% 污泥回流至缺氧池，污泥池每季度清掏一次，外运处置。中水回用工艺流程如图 10-2 所示。

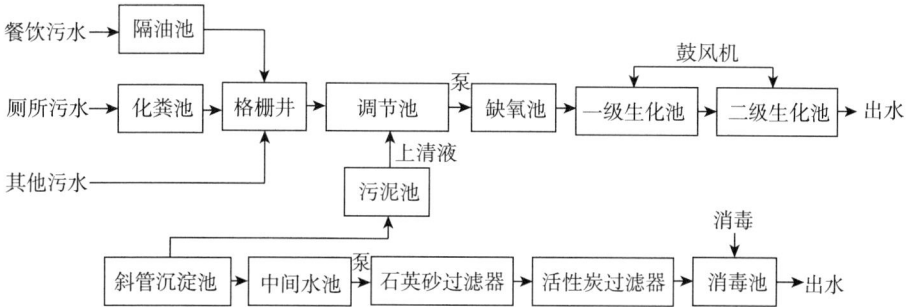

图 10-2　中水回用工艺流程图

污水经生物二级处理后，水质已经得到改善，但处理水中仍含有大量的致病细菌和寄生虫卵。根据国家《城镇污水处理厂污染物排放标准》(GB18918—2002)的一级 B 标准排放要求，污水处理站出水应进行消毒处理。二氧化氯消毒处理工艺成熟，杀菌能力强，消毒效力持续时间较长，同时具有除臭、脱色的效果，且不受污水 pH 值及其氨氮浓度的影响。另外，二氧化氯只起氧化作用，不起氯化作用，不会生成有机氯化物。

由于"清江源"科技园区的污水要用于中水回用，出水水质必须满足回用要求，所以要在生物处理法之后增加混凝过滤工序及活性炭吸附工序，因此园区中水回用项目采用石英砂过滤和活性炭吸附过滤的方法。

2. 废水处理站的建设

"清江源"科技园区的污水建设是通过管网体系建设，将污水处理终端池、水塘与田间灌溉系统、生活用水系统、菌种厂和生物有机肥厂用水系统融为一体，以达到污水循环利用的目的。

"清江源"科技园区污水处理站项目由以下几部分组成。

1)培训中心污水处理系统

"清江源"科技园区共有房间 210 间，可容纳客人 420 人；餐厅包房 8 间，可容纳 500 人；宴会厅 2 个，一个容纳 180 人，一个容纳 450 人，总共容纳 630 人；会议室 5 个，最多容纳 450 人。所以该项目最多能解决 2000 人用水，按每人每天产生 0.25 立方米废水计算，废水产生量为 2000 人×0.25 立方米/(人·

天)＝500 吨/天。为了满足长期规划的要求，设计园区污水处理站处理量为 500 吨/天。

2)新农村建设污水处理系统

按照 120 户×6 人/户×0.3 立方米/(人·天)＝216 吨/天计算，设计新农村污水处理站处理量为 300 吨/天。

为了保护水资源，实现可持续发展，对"清江源"科技园区的污水(500 吨/天)可进行深度处理，用于中水回用，排入水塔(中水回用池)储蓄，由水塔自流进行回用；对新农村建设 120 余户的生活污水(300 吨/天)进行处理，达到《城镇污水处理厂污染物排放标准》(GB18918—2002)一级 B 标准排放要求。

3)园区整体污水处理系统

针对"清江源"科技园区中生物肥厂、菌种厂、养殖场产生的工业污水，统一进行分类收集，对于其中有害化学物质先进行无害化处理，再进行净化处理，污水处理站处理量为 400 吨/天。

10.2 废弃物的循环利用

10.2.1 背景

"清江源"科技园区每天产生 1000 千克左右的垃圾，采取"分类剔捡、综合利用"方法对园区的垃圾进行处理，能够为生物能源的生成提供来源，废弃物经过科学的处理、加工还能够生产出对农作物有用的肥料等。

10.2.2 循环利用情况介绍

"清江源"科技园区对废弃物的循环利用主要是将其能源化和肥料化：一是利用沼气池，将种植业、养殖业、旅游业产生的废弃物作为沼气原料，为园区生产生活提供清洁能源，生产沼渣和沼液可用于烟叶生产和其他作物种植；二是采用生物质压块成型法，将农业废弃物进行压块，制成棒状、粒状、块状等各种成型燃料，提供生物质能源；三是将废弃物用于有机肥生产，有机肥返施烟田，实施土壤改良，保持烟叶品质和产量的稳定，实现园区资源利用最大化(图 10-3)。

10.2.3 发展现状

1. 污泥处理工艺

污泥处理工艺一般包括减容、稳定、无害化三个方面。就"清江源"科技园区

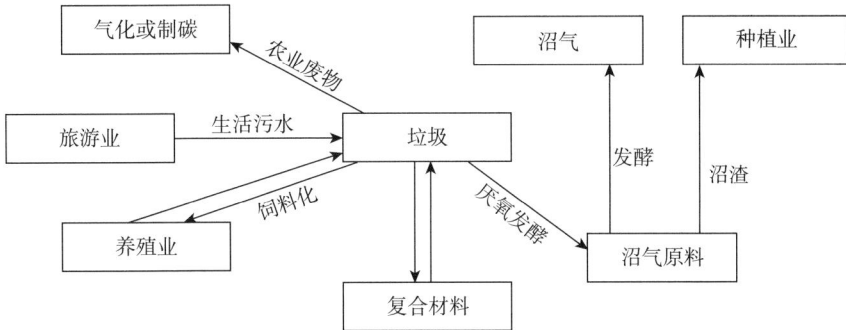

图 10-3　农业废弃物循环利用

而言，由于工程规模较小，产生的污泥量较少，在污水处理中，污泥已趋于稳定。国内已建成的污水处理站一般采用生物脱氮除磷工艺，产生的污泥直接浓缩脱水，该工艺运行稳定可靠，已充分证明好氧部分稳定的污泥，直接浓缩脱水是可行的，因此，园区污泥处理采用直接浓缩脱水处理。

2. **废弃物处理措施**

"清江源"科技园区针对废弃物的特性建设了用于对其进行科学处理的设施，不仅减少了废弃物对环境的污染，而且还能够循环再利用。"清江源"科技园区现有的用于处理废弃物的设施为化粪池、污泥浓缩池、沼气池等。

由于住宅区域内的环境质量要求较高，为避免散发臭味，同时兼做污泥浓缩和污泥消化，调沉池的沉泥、二沉池的污泥及滤池反冲洗水的泥垢均以重力流排放至沼气池。沼气池实质上是一种常温消化池，其构造简单，修建费用低，维护简便，产生的沼气不仅可供处理站利用，而且可省掉浓缩池的修建，一举多得。污泥消化过程中能杀死寄生虫卵、病原菌，这样改善了污泥的卫生条件，提高了污泥的脱水性和肥分。消化后的污泥是一优质肥料，可用于还田。有机肥的大量施用提升了"清江源"科技园区的土壤质量，保证了绿色、有机、无公害产品的生产。

第 11 章

有机农业与观光农业开发

11.1 有机农业开发

恩施州是我国土壤含硒量最高的地区，加之"清江源"科技园区采用生态、无污染的种养殖方式，所生产出的农产品具有富硒、纯天然、无公害的特点。"清江源"科技园区有机农业生产促进了资源的循环利用，同时也带动了当地的经济发展，科技园区的有机农产品的种类十分丰富，并打造出了自己的品牌，这些方面的进展都有利于"清江源"科技园区有机农产品的持续发展。

按照循环农业经济体系的发展模式，拓展"清江源"科技园区配套产业发展，形成以有机烟叶生产为主、其他有机农产品综合开发的循环产业发展格局。"清江源"科技园区的农田、大棚有机农产品，作坊有机食品，餐桌有机食品品种丰富。从有机烟叶生产到供给园区内部和外界市场的粮、菜、肉、蛋、奶等，形成有机食品的发展主线，并且将有机食品的品种系列化、加工深度化、应用广泛化，为"清江源"科技园区提供经济源泉。

11.1.1 循环利用情况介绍

有机农业开发主要突出有机作物种植业和有机畜禽养殖业两个方面。有机种植和养殖的农产品可以提供给"清江源"科技园区内的宾馆，为旅游业提供绿色有机产品；种植业废弃物包括植物茎秆、叶片等，有机养殖的畜禽粪便都可作为原料排入沼气池发酵生成沼气，沼渣、沼液可还田作为有机种植的肥料；有机种植业产生的生物质废弃物可生产生物肥，为烟叶生产及其他种植提供肥料；作物秸秆可加工成有机饲料用来发展养殖业，畜禽粪便又可用于发展种植业和生产沼气（图 11-1）。

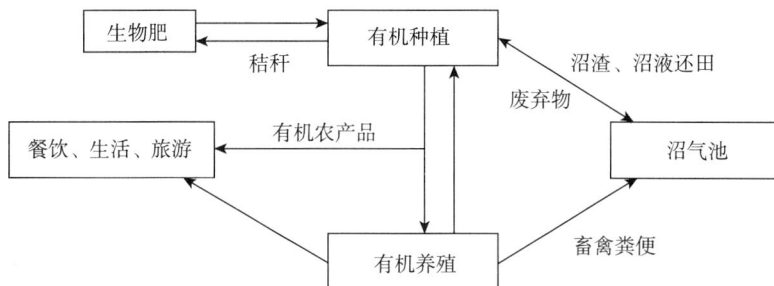

图 11-1　有机农产品循环图

11.1.2　有机烟叶生产

"清江源"有机农业烟叶生产基地主要分布于示范区海拔 900～1300 米的 4000 亩烟叶生产基地，以烤烟和白肋烟为主，生产基地辐射涵盖恩施全州烟叶生产基地单元，覆盖面积 30 万亩。有机烟叶生产严格执行恩施州烟草专卖局（公司）烟叶生产标准化方案，遵循严格的生态保护措施，改良土壤，秸秆还田，施用生物有机肥并减少无机肥料施用，严控除草剂、杀虫剂等有害环境的农药，采用天敌或物理方法（黄板、黑光灯）防治害虫。

"清江源"科技园区集成推广了"清江源"特色优质烟叶栽培技术。其引进与选育了特色品种；全面集成与推广了漂湿育苗、土壤改良、平衡施肥、地膜覆盖、优化灌溉、生物抑芽等关键技术措施；优化和创新了增温补光、烟秆生物有机肥应用、非化控防治、富硒栽培、散叶烘烤等亮点栽培技术。通过在"清江源"科技园区示范生产、参观学习和技术培训等，"清江源"特色优质烟叶栽培技术得以迅速在恩施全州范围内推广，为提高恩施州烟叶生产水平和推动特色优质烟叶开发起到了示范引领作用。

"清江源"特色优质烟叶成功实现与大品牌卷烟企业的市场对接。恩施州烟草专卖局（公司）根据重点工业企业骨干卷烟品牌对原料保障的需求，对"清江源"烟叶进行了生态、品种以及栽培技术区划，实现了"清江源"特色烟叶品牌和"黄鹤楼""中华""芙蓉王""利群""泰山""都宝""中南海"等国内重点骨干卷烟品牌的有效对接。

11.1.3 有机农产品生产

"清江源"科技园区的农产品来源主要是有机农业,包括有机作物种植业和有机畜禽养殖业两个方面。有机种植发展了芸豆、赤豆、黑豆、甜玉米等品种,有机养殖发展了土鸡、景阳鸡、七彩山鸡、肉兔、生猪、蜜蜂等品种。另外,在"清江源"科技园区内发动农户分散发展蔬菜、瓜果、向日葵、洋荷、食用菌等有机种植业。"清江源"科技园区有机农业其他品类[如有机食用菌(香菇)、芫荽、白菜、洋芋、玉米、有机豆类等]的生产已经取得国家认证的有机(转换)ISO22000:2005 和 Haccp 品牌认证。其对各个品类的生产严格执行有机农业生产标准和规范,积极提高产品质量和管理水平。部分贴牌的有机蔬菜已经可以供应周边超市。"清江源"科技园区有机农产品具体的种类如下。

果品:分别建立了一个猕猴桃园和生态葡萄长廊,集经济项目与观赏项目为一体,既体现了良好的经济效益,又为"清江源"科技园区增添了生态农业景点。

苗圃:在"清江源"科技园区发展了各类成苗、种苗苗圃 130 亩,种植了桂花、樱花、火棘、红叶石楠、罗汉松、杜鹃、花石榴等品种,具有较高的经济价值,还形成了独具特色的苗圃观赏林园。

特色养殖:主要发展牲畜特色养殖项目和禽鸟特色养殖项目。

牲畜特色养殖:在望城片区建立了一个养殖场,主要养殖猕猴、梅花鹿、麂子、狗熊、野猪、刺猪等。在茅坝槽片区建立了一个特色养殖基地,主要养殖猪、牛、羊等,辐射带动本地农户养殖猪、牛、羊、土鸡等。

禽鸟特色养殖:在望城片区养殖场养殖珍珠鸡、七彩山鸡、贵妃鸡、美国火鸡、孔雀等共 2 万只;在望城片区建立了一个生态鸟语林,养殖孔雀、鹦鹉、鸽子、红腹锦鸡等特色鸟类 400 余只。

11.1.4 有机农业产品分流

有机烟叶:建立"清江源"优质有机富硒烟叶品牌,向"黄鹤楼""中华""芙蓉王""利群""泰山""都宝""中南海"等骨干卷烟品牌提供产品。

有机农产品:建立本地销售平台,将有机农产品推广到培训中心餐饮、新农村农民饮食以及游客饮食。

有机农业副产品:将有机种植业产出的秸秆、有机养殖业产出的粪便收集进入沼气池。

11.1.5 有机农业发展成效

"清江源"科技园区生产有机农产品不仅给广大消费者提供了安全健康的食

品、保护了生态环境、遵循了可持续发展原则，而且为"清江源"这一品牌树立了良好的形象，有利于该品牌的产品推广，进而促进了该地区的经济发展。"清江源"科技园区有机农业的发展具有较大的社会价值和经济价值。

1. 提供安全健康的食品

大量使用农药化肥虽然提高了农产品的质量，但也造成了很多食品安全问题，化肥和农药对农产品的污染直接危害人体健康，生产有机农产品能为社会提供无污染、安全、可口的绿色食品，还有利于保证人们的身体健康，环保食品的生产能减少癌症等的发生率以及其他与化肥农药有关的疾病。

2. 保护生态环境

生产有机农产品可以打造环保品牌，减轻环境污染，有利于恢复生态平衡。目前国内烟叶产区用于生产的化肥农药利用率偏低，一般氮肥只有 20%～40%，农药在作物上附着率不超过 10%～30%，其余大量流失造成环境污染。农药的持续使用增加了病虫的抗性，破坏了原有生态链条，且农药用量越来越大，施用的次数越来越多，会形成恶性循环。改用有机农业生产方式，减少化学肥料的使用，施用生物有机肥，可以极大改善土壤结构、增加有益微生物及减轻污染，有利于恢复生态平衡。

3. 提升"清江源"品牌形象

有机农产品的生产有利于提升"清江源"品牌在国内市场的竞争力。有机农产品是国际公认的高品质、无污染环保产品，发展有机农业，可以提高"清江源"科技园区主打农产品在国内和地方市场上的竞争力，增加农民收入。

4. 提高园区当地收入

有机农产品的生产有利于增加"清江源"科技园区就业、提高农业生产水平，增加当地农民收入。

11.2　观光农业开发

观光农业是一种新型农业，其合理利用园区内的自然景观、生态环境及资源环境，同时结合农业经营活动、农林渔等生产活动以及农村文化，集农业生产、生活、销售、加工及农业旅游服务于一体，以休闲、绿色、观光、体验等为特征，发挥农业与农村休闲观光等功能，符合生态旅游的原则，具有广阔的发展前景。休闲观光农业的发展能增加农民收入、调整传统的农业发展模式、带动农村经济发展，因而其具有广阔的市场前景。休闲观光农业的发展可以促进农业结构调整、增加农民收入、带动农村第二、三产业的发展，从而达到农业生态、经济和社会的有效统一。近年来,"清江源"科技园区因地制宜发展多种形式的休闲观光产业,坚持"烟草有效反哺农业,以农民多元增收"为出发点和落脚点,追求经济效益、社会效益和生态效益的高效统一,至今已形成功能类型多样化、投资主体多元化、管理逐步规范化的良好局面。

"清江源"科技园区地处山区,缺乏耕地资源,整个园区经济、文化、社会生活等都较落后。近年来,"清江源"科技园区积极引导发展休闲观光农业,取得了初步成效,带动了科技园区农业结构调整,形成了较为合理的种、养业布局,既合理利用了土地资源,又提高了土地的产出率;围绕旅游六大要素(行、游、住、食、购、娱)办农业,带动了产业发展;以循环农业为基础,以保护生态平衡为前提,通过休闲观光科技园区的建设,带动了园区生态建设;带动了地方经济的发展和周边农民收入的增加。

11.2.1　发展模式

目前,"清江源"科技园区的休闲观光农业主要存在以下三种经营发展模式。

(1)以分散农户为主体的自发经营模式(即"农家乐"型)。以分散农户为主体的自发经营模式主要是"清江源"科技园区附近的农户利用自己种植的菜园和小型养殖场,通过自主开发、分散经营吸引城市居民或游客前来观光、旅游等发展休闲观光农业的一种经营模式,"'清江源'农家""亲林泉香"等就是"农家乐"经营发展的典型。

(2)以政府或国企扶持为主导的引导发展模式。以政府或国企扶持为主导的引导发展模式是一种在政府或国企规划指导下,采取各种措施,集成各种资源,对休闲观光农业开发给予大力扶持和积极引导,有意识、有目的地发展休闲观光农业的经营模式。"清江源"科技园区教育培训中心、温室大棚等就是在政府或国企主导下发展起来的大型休闲观光农业项目,实现了文化产业增值、农业产业增效、农民收入增长的多赢。

(3)以私营企业为主体的市场经营模式。以私营企业为主体的市场经营模式主要是指私营企业以市场需求为导向,自己投资、自主开发、自主经营发展休闲观光农业的一种经营模式。"望城龙苑"就是以昌明药业为主体投资兴建而成的,其以药用植物、苗圃产业为主题,在"清江源"科技园区打造了一个集科技示范、成果展示和休闲观光于一体的休闲区。

11.2.2　发展现状

"清江源"科技园区通过将休闲观光农业与新农村建设相统筹,引进国内外农业高科技技术,开发有利于科技园区经济发展的科技成果,农业科技园统筹兼顾新农村建设和休闲观光农业，引进国外发展农业的高新技术，探索适合我国农业科技园发展的科技，创新农业科技运行和管理体制，最终形成一个集高效农业种植、牲畜养殖、瓜果蔬菜生产、休闲观光农业为一体的生态农业经济模式，对辐射带动"清江源"科技园区新农村建设、增加农民收入、提高农业生产效率、改善生态环境、加快农业产业化与现代化进程、推动农业经济发展具有十分重要的意义。同时，"清江源"科技园区通过对新农村建设的合理规划，在谢家坪、麻园槽、桂花新村等处修建的居民用房已成为休闲观光农业的一道亮丽的风景线。

为了体现"机制活园、产业富园、科技兴园、基础强园、生态立园"的主旨，"清江源"科技园区一方面在保证烟叶生产的基础上合理地进行休闲观光农业的开发，另一方面在烟叶生产过程中体现生态、教育及休闲观光功能，建设望城—茅坝槽绿色烟叶生态走廊。烟叶科技研发园及标准化示范园围绕富硒低害、生态安全生产目标，依托恩施产区优越的自然生态条件，开发可用于烟叶生产、调制等的生物农药、生物抑芽剂、生物肥料、生物调制剂和生物降碱剂等；并开展了植烟土壤改良、节能减排、循环经济利用方面的专题研究，彰显"清江源"烟叶低害、生态的品牌特色。

努力探索"清江源"科技园区集烟草科技成果与观光旅游于一体的观光农业新模式。"清江源"科技园区已建设一栋现代化温室大棚，总体建设面积为 4761.6 平方米，划分为烟草科学试验园、生态瓜果花卉园和植物风情园三个区块，以绿色、低碳、生态为主线，体现了有机绿色、生态、科技、高效、休闲五大特色。

丰富"清江源"科技园区农业经济产业结构，利用科技园区生态人力资源大力发展特色、有机养殖。一是通过多年的建设，特种畜禽养殖基地已经发展到一定规模，修建了一个生态鸟语林，基地禽畜数量达到 1 万多只，主要品种有红腹锦鸡、狗熊、梅花鹿、特种野猪、豪猪等；二是农户特色、有机养殖数达到 27 户，主要养殖猪、牛、羊、鸡、兔等。

营造集苗木生产、科普教育和休闲观光为一体的生态休闲观光苗圃，实现苗木生产和休闲观光共同发展的有机结合。通过多年的产业发展，"清江源"科技园区，一是在望城沙子坪和柯家槽分别建设了一个面积为 29.4 亩的红豆杉园和红豆杉盆景园，栽植红豆杉苗木、盆景约 55 000 株；二是在何功伟村和望城村分别建设了两个观光型苗圃，其中山溪沟苗圃 60 亩、小槽苗圃 11.5 亩；三是在科技园区建立了生态观光葡萄长廊和生态采摘猕猴桃园各一个。

打造集教育培训、住宿餐饮、会议接待、休闲度假于一体的五星级标准培训中心。为了满足各类教育培训、大中型会议、学术交流活动、餐饮娱乐及旅游接待等的需要，"清江源"科技园区建设了一个占地面积为 16 520 平方米的现代综合行业培训基地。该基地拥有完善的服务项目和配套设施，包含会议中心、会务接待中心、学术报告厅、套房等，接待能力能达到 500 人/次，"农家乐"餐饮业接待能力可达到 1000 人。

　　鼓励、引导科技园区村民发展"农家乐"特色餐饮，探讨科技园区饮食文化。为了发展科技园区饮食文化，提高居民收入，"清江源"科技园区分别在望城和茅坝槽引导发展了"'清江源'农家""望城龙苑""聚贤阁""香草园"等 8 家"农家乐"餐饮。

11. 2. 3　未来发展

　　"清江源"科技园区地处山区，风景优美，有丰富的自然资源、人文景观。因此，其应在加强区域协作与沟通的基础上，组织力量对科技园区的休闲观光农业发展进行科学论证与规划，整体空间上进行统一布局，注重人文与自然的有效统一，避免农业旅游资源的无序或低水平开发，根据各自地理、生态、经济区域的实际进行分类指导，确保各地选择最佳的观光农业发展模式，促进区域经济的协调发展。

　　坚持以生态农业、有机农业为特色，合理开发多元化的旅游产品，始终把带动当地经济发展作为一个重要的政策指引，使当地农民成为休闲观光农业中的一员；坚持科学规划、注重配套设施建设；坚持提高效益与保护环境协调发展的原则，休闲观光农业项目的设计要绿色、生态、环保，项目开发要与历史遗迹保护、自然生态保护、民俗风情保护相互结合，做到提高经济效益与资源保护并重，实现休闲观光农业的可持续发展；注重包装，一是对"清江源"科技园区山峰、景点进行命名，二是对"清江源"科技园区历史、文化、景点等进行故事编写，三是对食用菌、有机农副产品、特种禽畜肉类等进行深加工包装；注重宣传效应，加快信息化建设步伐，利用各种媒体及名人效应，对外宣传"清江源"科技园区美丽的山水、田园风光及文化品位；注重品牌建设，创立和扶植具有"清江源"特色的品牌。

第五篇 | 可持续发展模式

　　"清江源"科技园区立足于行业的特殊性和山区资源条件的特殊性，大胆探索，创新发展，走出了一条"科技带动、产业带动、经营带动"的"三带动"可持续发展模式和山区脱贫致富之路，重新诠释了以现代农业和科技园区引领农村社会、经济发展的内涵。"清江源"可持续发展模式是在当地政府和有关部门的支持以及当地农民的参与下形成的，其借鉴意义远超出烟草行业本身，其对贫困山区脱贫致富、现代农业发展、工业反哺农业的具体实施以及社会主义新农村建设都具有有益的借鉴和启示。

第 12 章

可持续发展模式构建

"清江源"科技园区的可持续发展模式，是指在发展现代农业过程中，以科技创新引领现代农业为基本理念，以"高产、优质、高效、生态、安全"的现代农业为发展方向，以公益性和营利性并举为原则，以创新合作社运行机制为重点，以农业科研、教育和技术推广部门为技术依托，以"科技带动、产业带动、经营带动"三个带动为核心动力，以经济、社会和生态效益全面提高为最终目标，正确处理园区科技研发推广、新农村建设等公益性功能和产业开发市场性功能的关系，着力发展以精准农业和循环农业为核心的生态、有机、休闲农业，建立起以烟草生产为主，辅助特色种养业、休闲观光农业的"科技＋农业产业＋生态"的绿色产业集群，真正实现了农民增收、农业增效和农村发展的目标，探索了一条科技引领现代农业发展、产业开发带动农民持续增收以及园区建设带动区域脱贫致富的成功模式。

12.1 可持续发展模式特征分析

12.1.1 以清晰的发展思路为引领

"清江源"科技园区立足园区自然和资源条件的优势，准确定位、科学规划、合理布局，通过创新体制机制，着重处理好产业开发与生态保护的关系、经济发展和社会发展的关系以及园区发展和区域发展的关系，逐步建成了以科技为支撑，以现代烟草农业为统领，烟叶、有机种养、循环农业、苗圃、培训接待、观光旅游等多个产业共同发展、社会经济全面进步的园区。

12.1.2　以土地整治为突破口

2008 年，恩施州烟草专卖局(公司)先后与恩施市政府签订了综合开发协议，对望城村和茅坝槽村 338 户的 4047 亩耕地和望城村的 8550 亩林地集中整体流转 50 年，建立了恩施"清江源"科技园区。2009 年，恩施州烟草专卖局(公司)将紧邻茅坝槽片区的蒲家垭区域纳为辐射区。2010 年，将何功伟村山溪沟组的 146.2 亩土地和 2524 亩山林整体租赁进行集中开发。2012 年，将蒲家垭片区 1520 亩土地整体租赁，纳入科技园区进行综合开发。恩施州烟草专卖局(公司)以土地整治为突破口，扩大了园区建设的规模。

12.1.3　以强大的科技能力为支撑

"清江源"科技园区以科技创新和成果转化、科技研发与技术推广示范作为园区发展的首要支撑力量，以技术中心为核心载体，构建包括人才队伍、专家队伍、组织机构的核心技术主体，建立良好的技术对接机制，通过自我研发和合作研发，建成科技创新基地、示范基地、中试基地和生产基地，形成以科技集聚优势推动现代发展的飞轮效应。

12.1.4　以明确的主导产业为基础

"清江源"科技园区立足于产业发展和扶贫开发，利用自身强大的科技创新能力、人才与资金支撑能力以及掌握市场信息的优势，结合园区的资源优势，形成了以烟草产业为主，特种养殖、特色种植、有机循环产业、休闲观光多业态同步发展的产业体系，形成了主导产业突出、功能定位多样、产业链不断延伸和拓宽的山区产业体系。

12.1.5　以合理的利益分配机制为核心

"清江源"科技园区建立以烟草公司、农民专业合作社和农户为三大主体构成园区的组织建设模式。公司通过政策扶持、参与专业合作社运营、派驻职工参与专业合作实现公司与合作社的深度合作，推动园区、合作社同步发展；以合作社统一购买生产资料、统一提供科技服务、统一销售为带动，农民收入获得大幅提高，获得了企业、合作社和农民的三方共赢。

12.1.6　以高效的循环农业为主线

"清江源"科技园区以资源的高效循环利用、生态环境的保护为园区建设的出发点和落脚点，以"资源、产品、废弃物、再生资源"为主要循环生产方式，通过开展烟秆、烟梗利用、食用菌菌棒利用、水资源利用、风光能源利用、废弃物利用、沼气工程等循环经济项目，建立了园区的循环农业产业链，形成了种烟山区特有的生态保护模式，实现能源利用、生态保护以及农业生产功能的多重并举。

12.1.7　以培育现代新型农民为重点

"清江源"科技园区立足于以农民为主体的发展原则，通过农技推广组织、农民教育培训中心，以向当地农民推广一些低成本、高成熟度、高科技含量和附加值的农业技术为重点，加强对农民在经营管理、市场信息把握方面的教育和培训，着力培育现代新型农民，成为推动农民致富、区域可持续发展的重要途径。

12.1.8　以可持续发展为目的

"清江源"科技园区在建园的过程中，不仅重视园区的发展，更加重视区域经济的发展；不仅重视产业的发展，更加重视社会的全面发展；不仅着眼于眼前利益，更着眼于未来发展，是可持续发展战略的真正践行者。

12.2　可持续发展基本做法

12.2.1　构建农业科技创新体系

"清江源"科技园区将科技支撑能力建设放在园区发展首位，从技术研发平台建设、科研成果转化平台建设和技术的示范推广平台建设三个方面进行创新体系的构建。"清江源"科技园区建有以技术中心和县市公司技术推广站为主体、外联科研院所和工业企业技术中心为依托的生产技术研发、推广体系，通过运用生物技术、信息化和智能化控制等手段，着力加强新品种选育、新技术集成、新机具研发、生物和自然灾害防控等方面的自主创新，以及引进消化吸收再创新。同时，"清江源"科技园区构建了州、县、站、线四级特色优质烟叶技术推广体系，配合农民专业合作社，通过技术集成、模式推广和典型示范，有针对性地开展技术研发、示范推广和培训工作。三大平台建设实现了用先进的科学技术整合内部资源，用先进的管理经验联结产业体系，大大提升了农业生产水平，为园区发展提供了持续动力。

12.2.2　加强基础设施建设

"清江源"科技园区注重区域内的土地整治和其他基础设施配套建设工作，不断完善道路、供电、供水、供气、通信等基础设施及配套设施建设，持续提高乡村基础设施水平。在土地整治方面，"清江源"科技园区主要从两方面开展工作：一是在组织模式上实行合作社统一业务承接、统一项目管理。恩施州烟草专卖局（公司）建立与烟叶生产合作社一对一的责任联系制度，提高合作社对项目的过程精细化管理和企业化管理水平。二是在项目实施上做到了烟区农村烟田整治公共产品投入合作社管理。通过由合作社组织开展烟田整治工作，实现了烟区烟田整治质量的民管、民受益，确保了整治质量。在其他基础设施建设方面，"清江源"科技园区集中资金、集中力量加大基础设施配套建设，重点实施了烟水、烟路、烟房、育苗设施、基本烟田、烟机、烟站和减灾抗灾体系"八个配套"建设。通过基础设施配套建设，烟房、烟机、育苗设施、烟站、减灾抗灾体系实现了100%配套，烟水、基本烟田配套达到了80%以上，公路通组率达到100%、通户率达到80%，改善了"清江源"科技园区十分落后的基础设施条件，基本实现旱能灌、涝能排、路相连、渠相通，改变了过去人挑背驮、靠天吃水、通信闭塞的落后面貌，夯实了产业发展基础。

12.2.3 创新利益分配机制

以合作社为平台，"清江源"科技园区形成了"开发公司＋村党支部＋村委会＋村经济联合社＋烟叶专业合作社"五位一体、统一管理、分工明确的组织架构。第一，园区通过公司采取政策扶持参与合作社、派驻职工参与合作社经营和与专业合作社组建联合社等形式，形成公司和合作社的利益共同体，公司通过合作社实现烟草的标准化生产，推进烟叶种植整体水平的提升，提高烟叶产量和质量，打响了"清江源"品牌，实现了企业综合效益的提升；合作社整合了公司的技术和资金等资本投入，运用杠杆原理提高了农产品投入产出比率，在掌握先进适用技术的同时，提高了合作社的经济效益。第二，合作社以"风险共担、利益共享"为原则，形成了上联企业和市场，下联农民利益的联结机制，通过土地治理、设施农业、多种经营为辅助带动农民提高生产技能、经营管理能力，合作社集体运营提高了农民的组织化程度，降低了农民的市场风险和交易风险。同时，集体运营实现了规模效应，农田基础设施能够获得更大限度的利用，整体效益得到提升，扣除合作社发展公益金、公积金等费用，分配到农民头上的份额也多于农民单独生产带来的效益。利益共同体的组建实现了优势资源的组合、有限资源的高效率应用、整体效益的快速提升。

12.2.4 开发农业生产多功能性

现代农业建设的一个重要方面是开发农业的多种功能，挖掘农业的深度和广度，促进农业结构的优化升级。"清江源"科技园区重视开发农业生产的多功能性，通过不断开发农业的经济功能、社会功能和文化功能，实现了由传统的初级农产品生产向以生物质产品生产为基础的现代农业建设、科技研发与技术推广示范、教育培训、新农村建设、生态旅游、产业开发等领域的拓展。通过对"清江源"科技园区进行科学的规划和设计，为游客提供休闲、观光、体验、娱乐、度假等多项需求的旅游活动，充分利用了所在地独特的自然风光、优美的田园景观、农业生产与经营、农家生活、农耕文化等旅游资源。例如，"清江源"科技园区通过发展有机循环农业实现了循环农业的节本增效功能；休闲观光苗圃园的建设则开发了现代农业的科普教育、休闲观光等多项功能；此外，通过鼓励、引导村民发展"农家乐"特色餐饮，开挖了园区的农产品保障、饮食文化、农耕文化等职能，实现第一、二、三产业农中有游、游中有农、彼此交融、联动发展的产业融合发展态势。

12.2.5　发展有机循环农业

"清江源"科技园区利用当地大量的鲜烟秆废弃物资源，分析山地土壤条件差的劣势，利用农产品提质增效的内在需求，把握当地扶贫开发的紧迫形势，依据能量的多级利用与物质再生产原理，循环利用烟草生产、食用菌生产、花卉苗木生产中产生的有机废弃物，提高资源利用率，建立了"烟秆—生物有机肥—烟叶生产和蔬菜瓜果种植—生物有机肥；烟秆—食用菌—生物有机肥—烟叶生产和蔬菜瓜果种植"两条产业链，实施"产业循环、加工循环、资源循环、农户循环"四大循环体系，探索了烟草秸秆生物质循环利用、新型清洁能源循环利用、以沼气池为纽带的物质循环和有机农产品开发及循环利用四大模式。有机循环农业的发展，一方面减轻了自然对废弃物的超负荷承载，将烟秆等废弃物加工成有机肥，变废为宝；另一方面"清江源"科技园区自用生物有机肥部分增加了土壤的肥力，在改良土壤的同时，进一步提高了产出农产品的质量。农产品的质量安全得到保障，配合"清江源"科技园区所在地良好的生态环境、丰富的民俗文化，通过延长产业链条，走出一条有"清江源"特色的农产品品牌塑造升级之路。

12.2.6　加强新农村建设

"清江源"科技园区在抓好产业建设的同时，还采取主动扶贫、智力帮困方法，从多角度、多层面加强社会主义新农村建设，大幅度提高农民的综合素质。一是创建了农民夜校、文化活动室和医务室，配备了软硬件设施，建立了有效的学习制度和培训制度，开展了形式多样的学习和培训活动，培养了一批技术能手、管理能手和经营能手等专业人才。二是积极配合地方党委政府和相关部门，制定新农村建设规划，启动新农村民居建设。茅坝槽已完成了七处新农村民居点建设，安置农户 21 户。望城村谢家坪新农村民居点建成 58 套具有民族特色的民居。三是深入开展联系帮扶活动，科技园区全体干部职工联系帮扶科技园区 100 户农户，确保户户能增收、家家能致富。四是协调村委会及相关部门，推进科技园区合作医疗、教育、社会保障等社会公共事业，初步建立科技园区社会保障体系，逐步提高村民的社会保障水平。

12.3 科技、生产、经营联动机理分析

"清江源"科技园区坚持"机制活园、科技兴园、产业富园、基础强园、生态立园"的建设理念，通过七年发展，核心区域形成了"一廊五园"的发展格局。"清江源"科技园区以科技创新和成果转化为核心功能，以科技带动、产业带动和经营带动为园区建设的基本途经和重要抓手，发挥出巨大的作用。

12.3.1 科技带动

"清江源"科技园区为突出"科技"和"现代烟草农业"两大主题，专门成立了恩施州烟草专卖局(公司)技术中心，建成集科技研发、成果转化、教育培训和现代农业于一体的综合性平台与基地(图 12-1)。恩施州烟草专卖局(公司)以"清江源"特色优质烟叶品牌开发为目标，以"清江源"科技园区为平台，积极开展烟草科研试验示范，努力建设成为烟草行业一流的烟叶生产技术研发基地、行业培训基地和烟叶检测基地。

恩施州烟草专卖局(公司)构建以"清江源"科技园区为平台、以恩施州烟草专卖局(公司)技术中心和县市公司技术推广站为主体、以外联科研院所和工业企业技术中心为依托的烟叶生产技术研发、推广体系。恩施州烟草专卖局(公司)科技中心通过积极加强与行业内外科研院所和湖北、湖南、浙江、山东、安徽等烟草工业企业的交流合作，聘请国内知名烟草专家为烟叶生产技术顾问，以自主研发为主，合作开发、项目招标及科研平台为辅，进行科技研发，形成园区技术研发体系，加快向产学研一体化的合作交流发展，进一步完善科研平台建设；园区技术推广服务站，形成技术推广体系，向农户及生产基地推广实用技术、有机农业技术、循环农业技术和生物防治技术四大技术体系，进而通过科技示范，建设烟叶生产技术研发示范基地，形成特色烟叶栽培示范基地、精准施肥示范基地、烘烤技术示范基地、循环农业生产示范基地、品种选圃基地等。通过基地的示范带动效应，"清江源"科技园区的技术研发体系加快科研成果转为现实生产力，加大力度发展特色优质烟叶生产。同时，"清江源"科技园区为行业员工、骨干烟农等提供教育培训平台，每年在园区针对性召开各类技术研讨会、技术培训会、学术交流活动等，并以园区为中心，形成逐级培训的教育培训体系，为烟叶生产提供

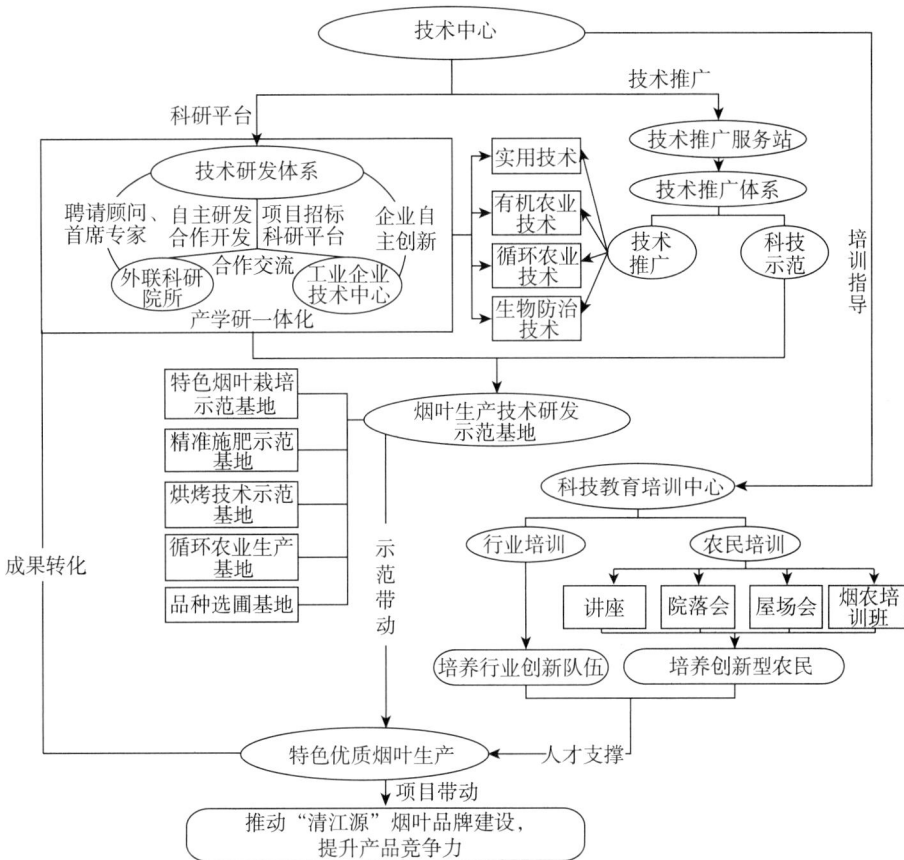

图 12-1　"清江源"科技园区科技带动机制图

人才支撑。在基地示范和技术推广基础上，"清江源"科技园区以项目为纽带，积极推动科技创新发展，打造"清江源"知名品牌，建设信息化平台，形成集成资源共享，推动园区烟叶生产的标准化、规范化、流程化、集成化、精确化发展，进一步提升产品的竞争力。

12.3.2　产业带动

"清江源"科技园区以培植烟叶为主导产业，确立烟草产业为主体的产业发展方向，围绕"清江源"品牌烟叶标准化生产示范区建设，发展烟叶主导产业。"清江源"科技园区着力打造望城—茅坝槽、茅坝槽—雨龙坝、茅坝槽—天蒜园三个烟叶绿色生态走廊，同时辐射紧邻茅坝槽片区的蒲家垭组和吊脚楼村，体现出一流的标准化生产水平、一流的管理水平、一流的科技水平和一流的烟叶产、质量水平，全面展示和辐射与带动恩施州烟叶生产的整体水平。现代烟草产业不仅探索完善了烟叶合作社、烟叶农场、家庭农场、开发公司等烟叶生产组织管理模式，而且还在规模化种植、集约化经营、专业化服务、信息化管理上取得新的进步和提高。在烟草产业不断发展和完善的过程中，烟水配套工程深入推进，不仅有效解决了烟田灌溉问题，而且解决了烟区的生活用水问题。2008～2012年，"清江源"科技园区已投资2亿多元，修建了各类基础设施工程，交通、通信、水利等生产生活基础设施明显改善。

如图12-2所示，"公司＋合作社＋农户"是目前园区有机生产主要组织模式，在"公司＋合作社＋农户"的产业建设组织框架下，烟叶生产经营管理实行"一社三体"的模式。"一社"，即现代烟草农业专业合作社，参与现代烟草农业的产业建设和服务；"三体"，即公司化集中种植、专业农场和专业户承包三种烟叶生产经营管理模式运行主体，多个烟叶生产经营管理模式同时发展，侧重于探索减工降本、提质增效和各个模式优劣比较等。合作社还成立了特色种植、特色养殖、园林绿化、基建工程建设等分社，积极发展相关产业，合作社成为"上接公司、中拓市场、下链农户、普惠农民"，集专业化服务和产业建设为一体的综合性合作社，成为"清江源"科技园区建设的重要合作伙伴和推动力量。

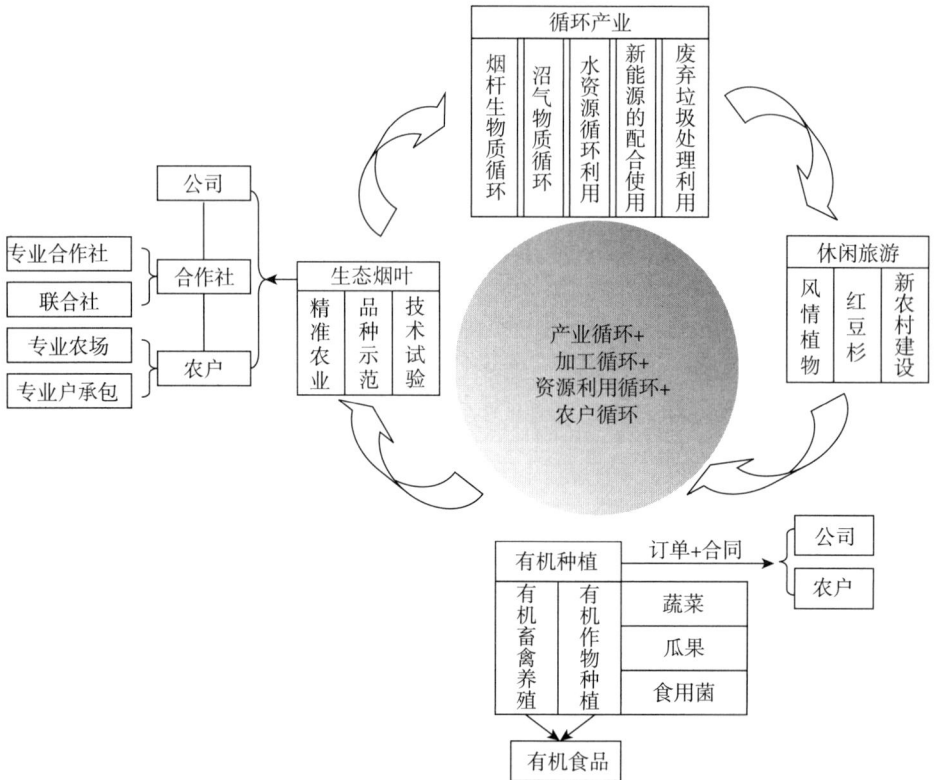

图12-2 "清江源"科技园区产业带动机制图

在大力培植烟叶主导产业的同时，"清江源"科技园区以生产设施综合利用为平台，发展设施农业。其还积极发展循环经济、有机农业等产业，形成了烟叶、特色种植、特色养殖等产业多元发展的格局。其中循环经济主要实施"产业循环、加工循环、资源循环、农户循环"四大循环体系建设，包括以烟秆生物质循环为核心的循环模式，以沼气池为纽带的物质循环模式，以污水处理系统为核心的水资源循环利用模式，以流化床锅炉供能为主，结合太阳能、风能等新能源相配合的使用模式以及废弃垃圾处理利用等几个方面。有机农业开发按照"公司指导、农户种植（养殖）、产前投入、订单回收、价格保底、收入保底"的运行模式，主要突出有机作物种植业和有机畜禽养殖业两个方面。如今，"清江源"科技园区在烟草产业"强基础、调结构、上水平、增效益、添活力、可持续"的总体发展思路引领下，以整市、整乡推进现代烟草农业建设为契机，以烟叶生产基础设施建设为抓手，正积极探索适合恩施山区特点的传统烟草农业向现代烟草农业发展的模式，继续打造恩施山区特色优质烟叶品牌，成为恩施州农业产业化的龙头、现代农业的典范。

12.3.3　经营带动

"清江源"科技园区通过采取"公司＋合作社＋农户"的具体模式对接农户，积极通过产业开发、技能培训、示范引导等多种方式提高农民从业技能，提升其综合素质。"清江源"科技园区对农民的收入带动通过产业需求和鼓励农民自身发展来实现。首先，从产业需求来看，科技园区始终把农民当做开发和建设的主体，积极引导和吸纳大部分当地农民参与科技园区建设，将农民有效组织起来，引导农民成立专业合作社。通过合作社，村民还自发组织成立了园林绿化、基建、特色养殖、特色种植等分社，发展相关产业，科技园区有约 30% 的农户自主发展了产业，不仅增加了经济收入，而且增强了生产经营管理等方面的能力，成为适应时代发展和现代农业需要的新型农民。其次，从实现农民自我发展来看，一是引导农户种植或参与务工，分环节组织召开培训，加强现场技术指导，培养技术过硬的烟农队伍；二是积极实施烟叶生产专业化分工，挑选部分农民进行统一培训，组建专业服务队伍；三是围绕附属产业发展组织开展特色养殖、特色种植等专业技术培训，培养特色种养殖专业能手。通过培训和引导，科技园区农民改变了传统生活方式，积极主动地通过种植烟叶、发展附属产业和参与务工来增加收入，思想观念有了较大转变，综合素质进一步提升（图 12-3）。

"清江源"科技园区从当地的农业发展需要出发，制订符合主导产业发展的专业农户培育和扶持计划，针对不同农户的实际情况和需要，适时开展培育农村种养殖大户、创业农户的服务，使这部分农户由体力型向智能型转变，并不断壮大农村示范大户的队伍，最终形成"科技带园区、园区带大户、大户带农民"的运作

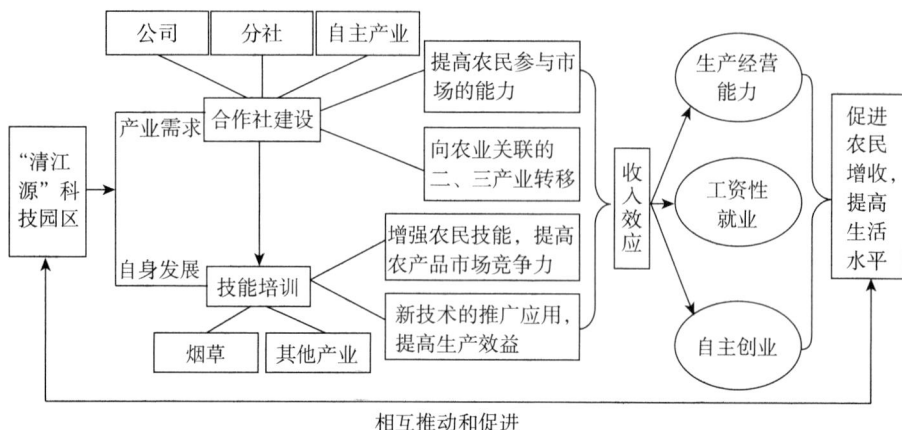

图 12-3 "清江源"科技园区经营带动机制图

模式，使农民在园区掌握高科技农业的生产技能，为农民收入水平的提高打下了良好的基础。

12.3.4 "三带动"联动机制

"清江源"科技园区围绕现代烟草农业综合开发建设，通过科技带动、产业带动和经营带动机制，将"一廊五园"的发展格局紧密联系起来，充分体现产业发展、科技研发、成果转化、合作交流、人才培养、生态旅游六大功能，实现"机制活园、科技兴园、产业富园、人才强园、生态立园"，创造造福民生的巨大经济和社会效益(图 12-4)。

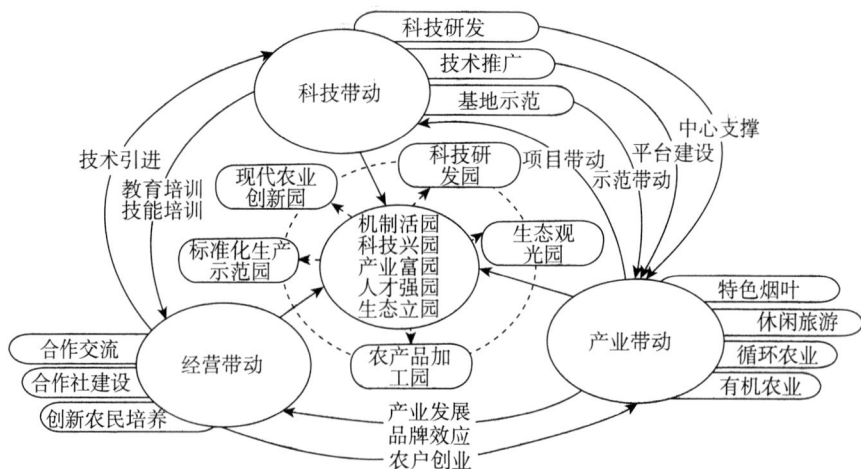

图 12-4 "清江源"科技园区"三带动"联动机制图

科技带动方面，"清江源"科技园区建成以技术中心为主的核心平台，主要针对烟草产业的重点技术和品种，充分利用恩施州烟叶生产科技研发技术力量，采取自主研发、合作开发和项目招标并举的模式；建立多层次、多主体的技术推广体系，辐射带动区主要涵盖"清江源"科技园区、恩施州现代烟草农业基地单元等区域，开展成熟技术的大面积推广，示范和带动基层农户，扩大农业技术使用范围；不仅带动农户提高农业劳动生产率，也通过科技项目的支撑引领提升了产业整体竞争力。

产业带动方面，"清江源"科技园区充分利用生态优势、气候资源优势、区位优势和产业优势，选择以烟草产业为主导立园；在此基础上，发展有机养殖、设施蔬菜、观光农业和生态旅游等产业，积极打造生物质循环产业和资源开发利用产业。同时，园区在产前、产中、产后的各个环节做文章，积极面向市场，拓宽业务渠道，加大有机食品等项目的品牌建设。通过产业链的延伸和拓展，"清江源"科技园区加大了先进技术的应用力度和推广力度，实现了与农户的良性互动，加快了产业链的融合。

经营带动方面，"清江源"科技园区始终重视农民的培养体系建设，为建成烟草行业一流的科研及培训基地，园区依靠自身公司及各种专业合作社，加强对农民的教育和技术培训，提高农民掌握科学技术的能力和水平；同时，引导农户进入产业链参与利益分配，园区成立科技园区联合社，下设若干分社，以合作社为平台和纽带，将农民充分组织起来，走联合发展的路子，切实提高了当地农业经济效益和农民收入水平。

在三大带动机制的作用下，湖北恩施"清江源"科技园区形成了以科技创新和成果转化为核心功能，烟叶产业、特色种植业、特色养殖业、加工业和循环农业有机融合，集科技研发与技术推广示范、教育培训、新农村建设、生态旅游、产业开发等建设于一体的格局。"三带动"之间的循环和联动催生出良性的可持续发展机制，将进一步推动园区核心区的现代农业建设，为将园区建设成为湖北省一流的新农村建设示范基地，以及国内一流现代农业科技园区奠定了良好的发展基础。

12.4 "清江源"模式的创新点分析

"清江源"模式作为一种园区发展模式、一种科技引领现代农业的发展模式以及一种带领山区农民脱贫致富的成功模式，之所以值得借鉴和推广，在于其具有创新性。

12.4.1 战略定位创新

"清江源"模式突破"就行业发展行业、就园区发展园区"的一般理念，立足于当地资源条件和社会经济发展的实际，坚持公益性和营利性并举、园区建设和扶贫开发并重的总体思路，确立了以科技创新为核心动力，以"技术创新—成果转化—产业开发—脱贫致富"为发展主线，以产业发展、科技研发、成果转化、合作交流、人才培养、生态旅游为园区的六大功能，进行了以土地整治和基础设施建设为起点的、主动式扶贫开发的实质性战略举措。"清江源"模式不仅关注园区的发展，更加关注区域经济发展、当地农民脱贫致富；不仅关注产业发展，更加关注社会、民生的全面进步。这样一个战略定位(图 12-5)成为园区快速发展的基石。

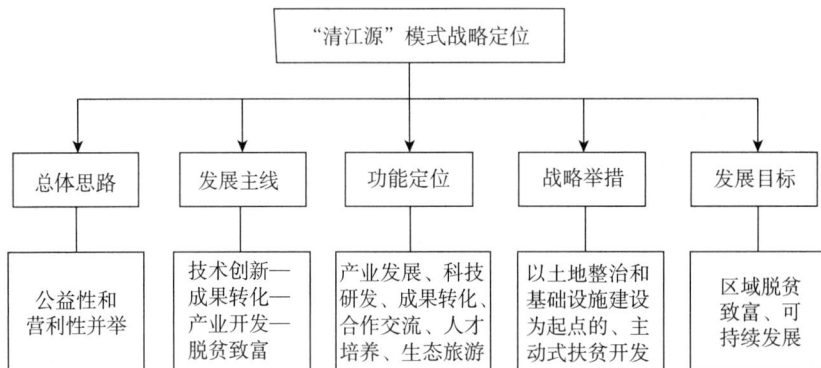

图 12-5 "清江源"模式的战略定位示意图

12.4.2 科技支撑体系创新

"清江源"模式成绩的取得和品牌的塑造得益于其在科技引领现代农业发展中的创新。其以技术中心为核心载体，建立了以企业为主体、社会多方参与、"专家＋公司＋专业合作社＋农民"的技术对接机制，针对产业发展和科技研发的需要，划分了 7 个研究室，组建由不同学科类别的副教授以上职称专家构成的专家委员会。通过对新技术和新品种、新设施进行集中投入和开发，以自我研发和合作研发相结合的方式，与科研机构和专家系统等进行联动，形成一个区域性的农业科技创新基地、示范基地、中试基地和生产基地，构建从农业科技的研发、应用，到田间地头的推广、示范等一系列工程，形成了一个集研发、科技成果转化与示范、农业技术推广为一体的、高效运作的科技支撑体系。每年科技经费投入保持在 3000 万元左右，2007～2011 年共承担和参与了各类烟叶科技项目 110 项，其中国家烟草专卖局项目 20 项、湖北省烟草专卖局(公司)项目 40 项、自主研发项目 50 项。通过项目开展，取得一批在行业有重大影响的技术成果，形成具有自主知识产权的核心技术(图 12-6)。

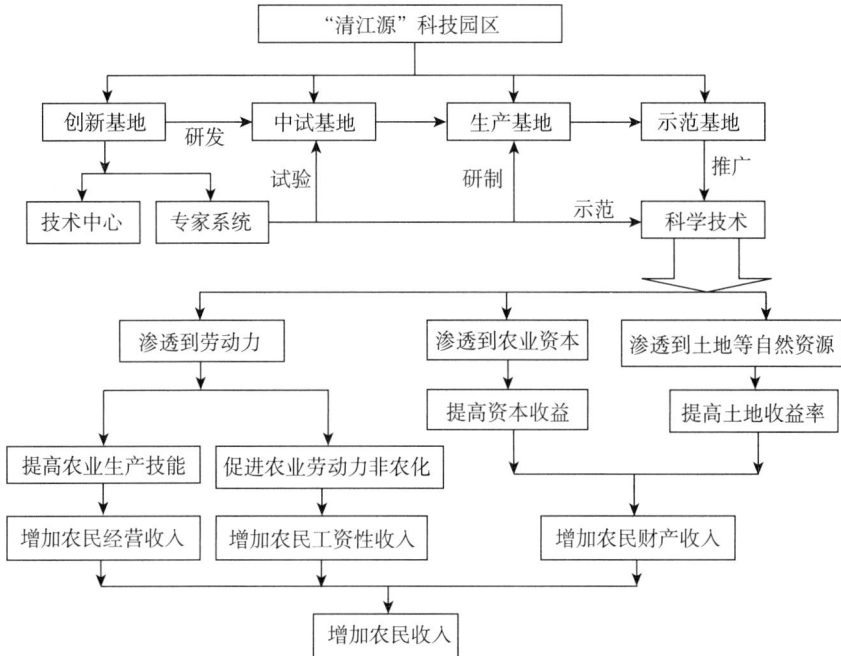

图 12-6　"清江源"科技支撑体系示意图

12.4.3　利益联结机制创新

从本质上讲，一个共赢的利益联结体是多方从合作中都获得了各自所需要的但自己力所不及，而合作方可以提供的利益集合体。"清江源"模式以创新合作社运行机制为突破口，以"责任＋共赢"为其基本的产业开发理念，通过企业参与合作社、企业出资建设新农村，以及企业支持促进多种产业发展，寻找到企业、合作社、农民三方合作的利益契合点，调动了各方的积极性。"清江源"模式利益联结机制的创新不仅解决了目前合作社发展中存在的问题，而且实现了企业、合作社和农民三方的共赢，不仅解决了农民生存与发展的现实问题，而且成为当地农业、农民和农村获得可持续发展的动力。

"清江源"科技园区按行政区划成立了望城、茅坝槽和蒲家垭三个现代烟草农业专业合作社，下设烟叶种植、烟叶基础设施建设与管护、园林绿化、特色种植和特色养殖等分社(图 12-7)。在三个专业合作社的基础上，以香城公司参与合作社建设的方式，成立了恩施市香城现代烟草农业专业合作社联合社，在烟草公司和专业合作社之间搭建了桥梁，形成了一个紧密联系，园区、企业、合作社共赢的经济实体，保持了合作社的主体地位，实现了企业和农户之间联结机制的创新。"清江源"科技园区除了建立专项扶持资金外，恩施州烟草专卖局（公司）技术中心的现代烟草农业研究室还专题开展合作社运行机制、创新理论研究，香城公司统筹规划园区发展思路、产业布局，确保建设与运营同园区发展相一致。企业的加入为合作社的发展提供了人才、技术、管理、项目、信息等支撑，避免了合作社建设中的盲目性，扶持和培育其成长壮大，推动其真正成为可以实现盈利的经济组织，有效提高了农民的组织化程度，带动农民走出一条多样化、多渠道的脱贫致富之路。

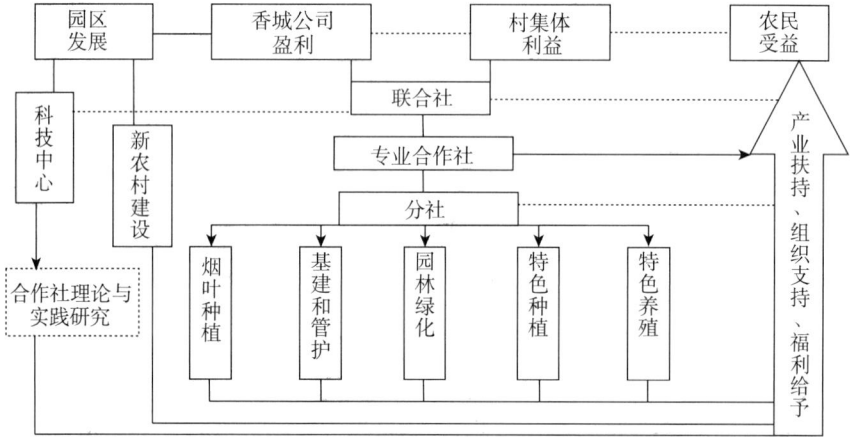

图 12-7 "清江源"科技园区利益联结机制示意图

12.4.4 现代农业产业创新

产业是一个地区发展的根本，农业是农村发展的源泉和动力。"清江源"模式坚持"产业富园"的理念，将自身在科技、人才、管理等先进生产要素上的优势与当地的资源优势相结合，以优化农业产业内部结构为突破点，形成以烟草为主，以发展循环农业为主线，以发展有机农业、观光农业和山区休闲度假为三大亮点产业的可持续性农业产业结构，为园区发展、农民增收注入了新的活力，探索出了一条种烟山区脱贫致富的可持续性产业化道路（图 12-8）。多种产业的形成使得农村劳动力实现了 100% 就业，常住人口就业率达到 90% 以上。

1. 产业主线：烟秆生物质循环农业

以开发烟秆生物有机肥、秸秆压块气化炉、烟秆生物质作菌棒原料等技术为支撑，共建立了两条典型的循环农业产业链：烟秆—生物有机肥—烟叶生产和蔬菜瓜果种植—生物有机肥；烟秆—食用菌—生物有机肥—烟叶生产和蔬菜瓜果种

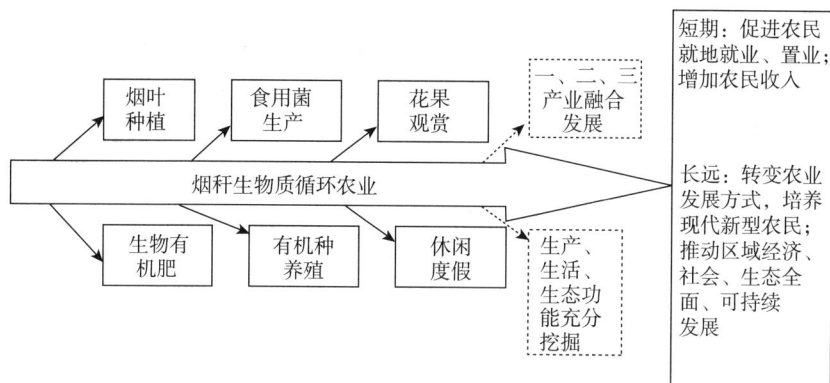

图 12-8　"清江源"模式现代农业产业创新示意图

植；提高了资源利用率，真正将循环农业落实到地，实现了经济、社会和生态效
益的统一。

2. 产业亮点一：有机农业

大力推进有机农业开发，结合结对帮扶工作与农户签订有机种植合同 508
亩，种植有机蔬菜、紫苏、马铃薯、食用菊花、黄花菜等 34 个品种，猪、牛、
羊、鸡、兔等特色有机养殖户数达到 27 户，形成了"清江源"有机食品品牌。

3. 产业亮点二：观光农业

"清江源"科技园区利用自身离城较近的区位优势，大力发展休闲观光农业。
一是建设温室观光区，集烟草科技示范和休闲观光为一体。二是建立特种畜禽养
殖场，2012 年实现产值近 300 万元，为本地农民提供就业岗位 5~8 个，增加务
工收入 8 万元以上。三是营造露地生态花果长廊，包括红豆杉园和红豆杉盆景
园、两个观光型苗圃，平均带动 5~6 人就业，增加务工收入 3 万元。

4. 产业亮点三：山区休闲度假

以培训中心为载体，积极发展集教育培训、住宿餐饮、会议接待、休闲度假
于一体的休闲度假产业，同时开发"清江源农家""望城龙苑""聚贤阁""香草园"等
8 户农户"农家乐"餐饮，2012 年实现日均接待能力达到 1000 人次。

12.4.5　生态保护建设创新

"清江源"科技园区以"生态立园"为发展理念，依托强有力的科技研发平台和
研发队伍，将现代化农业科技充分运用到生态保护建设中，构成了高科技推动生
态建设和产业发展的双重效益结构。"清江源"科技园区围绕多种循环经济模式的
探索，从改善农业生产技术、烟秆循环利用的农业发展模式、绿化苗木种植以及

发展农村新能源以及风能、太阳能等多方面入手，构建了以烟秆生物质循环为核心的循环模式、以沼气池为纽带的物质循环模式、以污水处理系统为核心的水资源循环利用模式、以流化床锅炉供能为主的资源循环利用综合模式。大力推行烟叶 GAP(即良好农业规范)管理，推广施用农家肥、绿肥、有机生物肥等土壤改良措施，推广"烟草—绿肥"轮作模式，充分利用生物技术、物理防治技术进行病虫害防治；大力修建沼气池，保护天然林，逐步形成一个全面性的生态保护格局(图 12-9)。

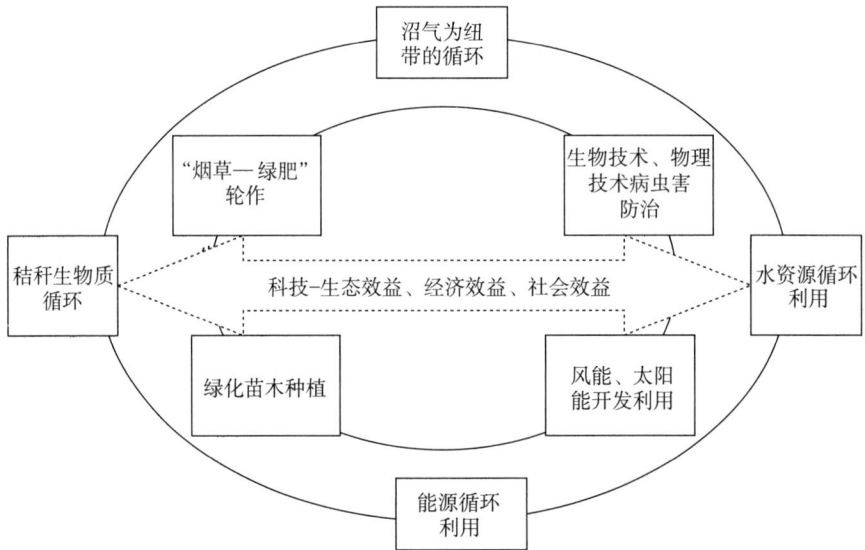

图 12-9 "清江源"生态保护建设创新示意图

第六篇 循环经济效益

　　湖北恩施"清江源"科技园区建设几年来，依托园区内优越的生态环境，构建了循环农业，实现了多产业发展，带领山区群众走上了脱贫致富之路，取得了明显的经济、社会和生态效益。认真总结"清江源"科技园区产生的效益对于推动我国现代化农业发展和科技园区的建设具有重要的理论意义和实践意义。

第 13 章

园区效益评价

13.1 经济效益

13.1.1 生态烟叶经济效益

"清江源"科技园区坚持"以烟为主,多产业发展"的原则,将生态烟叶打造成为富园、富村、富民的特色支柱产业。其采用生态农业种植技术,运用循环农业生产模式,通过打造"清江源"特色优质烟叶品牌,大力培育烟叶主导产业,形成产业带动和支撑园区农民脱贫致富格局。

"清江源"科技园区建设之前,该地区烟叶种植面积不足 200 亩,种植水平十分低下,且有近 30% 的土地被荒废;建设后,恩施州烟草专卖局(公司)将园区土地作为烟叶种植新区,实行成片开发,烟叶种植面积和生产收益稳步增加。2008 年,"清江源"科技园区种植烟叶 510 亩,产量 1377 担,总产值 107 万元;2009 年,种植烟叶 2291 亩,产量 6884 担,总产值 511 万元;2010 年,种植烟叶 4000 亩,产量 11 540 担,总产值 852 万元;2011 年,种植烟叶 2116 亩,产量 5208 担,总产值 499 万元;2012 年,种植烟叶 4243 亩,产量 7820 担,总产值 912 万元。

"清江源"科技园区大力开展"科技兴烟"工作,烟叶产质量水平明显提升,市场竞争力不断增强。"黄鹤楼""中华""芙蓉王""白沙""利群""泰山""真龙""好日子"8 个重点卷烟品牌的烟叶调拨量占烤烟总调拨量的 80% 以上;白肋烟成为"都宝""中南海"等重点品牌原料体系的重要组成部分。

随着"清江源"烟叶品牌的不断宣传推广，其独特的"富硒低害"特色将进一步得到广大消费者的认可，其品牌效益能够得到有效提高，产品附加值将会大幅提升，整体经济效益也将会实现质的飞跃。

13.1.2　生态旅游经济效益

"清江源"科技园区位于恩施市西北部，距离市区约 10 千米，北面紧靠 318 国道，南面是宜万铁路。其立足区位优势，大力发展休闲观光农业，建设温室观光区、特种畜禽养殖场、陆地生态花果长廊、红豆杉风情园等。生态旅游项目以吸收自然和文化知识为取向，尽量减少对生态环境的不利影响，确保旅游资源的可持续利用。同时，"清江源"科技园区开展生态环境保护同促进地方经济社会发展有机结合的旅游观光活动，大大提升了经济收入，实现了较高的经济效益。2009 年"清江源"科技园区游客量达到 10 000 人次，实现经济产值 50 万元，人均生态旅游产值 471.70 元；2010 年游客量达到 20 000 人次，实现经济产值 120 万元，人均生态旅游产值 1132.08 元；2011 年游客量达到 30 000 人次，实现经济产值 200 万元，人均生态旅游产值 1886.80 元；2012 年游客量达到 42 000 人次，实现经济产值 310 万元，人均生态旅游产值 2652.69 元。

13.1.3　其他产品经济效益

"清江源"科技园区在大力培植烟叶主导产业的同时，积极发展附属产业，努力提高园区内居民收入水平。2009 年，园区发展特色种植、砂砖场、大棚和烤房综合利用等附属产业，实现经济总产值 380 万元。2010 年，园区利用育苗大棚和烤晾房设施发展特色蔬菜、水果、食用菌、花卉和立体栽培等项目，建立猕猴桃园、生态葡萄长廊，新建了山溪沟苗圃和小槽苗圃，实现经济总产值 530 万元。2011 年，园区还组织引导当地农户发展"农家乐"餐饮服务和砂石料场，实现经济总产值 775 万元，为当地农民增加收入 100 余万元。

"清江源"科技园区实行生态养殖，包括山猪养殖、山野鸡养殖、鹿养殖、孔雀养殖等。其养殖规模在不断扩大的同时，顺应市场需求的养殖品种也在不断增多，从而取得了丰厚的收入。2009 年，园区生态养殖实现经济产值 60 万元；2010 年，实现经济产值 240 万元；2011 年实现经济产值 300 万元；2012 年，实现经济产值 390 万元。自菌种厂建成以来，园区一直不断扩大食用菌生产规模，加快技术创新步伐，为消费者提供各种不同种类的食用菌，从而拓展了产品的销售市场，带动了经济的全面发展。2010 年，园区实现食用菌产值 21.75 万元，人均产值 205.19 元；2011 年，园区实现食用菌产值 95.1 万元，人均产值

897.17 元；2012 年，园区实现食用菌产值 120.6 万元，人均产值 1137.74 元。生物有机肥厂将废弃的烟草秸秆重新加工利用生产有机肥替代化肥，提高烟叶产质量的同时，降低了烟叶生产成本，增加了烟农收入。经核算，2011 年，生物有机肥厂实现产值 1000 万元，增加烟农收入 300 万元；2012 年，生物有机肥厂实现产值 1400 万元，增加烟农收入 420 万元。

13.2　生态效益

13.2.1　科学规划

"清江源"科技园区对生态功能区进行了科学规划，把生态保护纳入综合开发，促进生态管理由经验型管理向科学型管理转变、由定性型管理向定量型管理转变、由传统型管理向现代型管理转变，为园区的产业布局、资源开发提供了重要依据。依靠企业和农民两大主体，建设"烟叶生产废弃物（烟秆）—生物有机肥—有机种植—生物有机肥—烟叶、有机作物种植"和"有机养殖—生物有机肥—有机种植—有机养殖"两条产业链，实施"产业循环、加工循环、资源循环、农户循环"四大循环体系建设。

13.2.2　生态保护成效

土地资源的保护。施用有机肥、种植绿肥修复或改良植烟土壤。从 2008 年开始，"清江源"科技园区推广"烟草—绿肥"轮作模式，每年种植绿肥（光叶紫花苕子、箭舌豌豆）4000 亩以上。清理回收的烟秆，生产烟秆生物肥，2012 年园区共施用生物有机肥 920 吨，其中种植烟叶 4600 亩，施用有机肥 690 吨；利用烟秆生物质种植食用菌，菌渣作为育苗基质。开展秸秆压块烘烤示范，减少能耗，保护生态环境。结合生态家园建设，开展"猪—沼—烟"循环生产模式，既提供了清洁能源，又为烟叶生产提供了有机肥料，沼液、沼渣作为种植烟叶的有机肥料，既能做到废物循环利用，又能改良植烟土壤条件。开展土地整治，重点是石漠化区域的综合治理。自 2008 年以来，按照"三度、四宜、八有"的原则，园区整治的土地面积达 2210.94 亩，其中重度治理面积 800 亩。坚持"土地整治与土壤改良相结合"的原则，最大限度地实现耕层生态保护和水土保持。将土地整治废弃石料用于场地平整、公路建设、堡坎等。推行等高种植，严禁陡坡垦殖和过度放牧，减少水土流失。

水资源的保护。推行节水灌溉技术，在农田建设管网、喷灌、滴灌设施，合理利用水资源，减轻"清江源"科技园区内对水源和生态系统的压力。对马家坪、皮家坪的湿地进行治理，防止湿地萎缩和污染，恢复与重建森林、草地、土壤、湿地等自然生态系统的水源涵养功能。控制水污染，减轻水污染负荷，禁止导致水体污染的项目开发。建设一个现代化、高效率的污水处理系统，解决生产生活污水给园区带来的污染，促进水资源二次利用。实验室产生的实验污水，由于含有大量有害的化学成分，需经过特殊的生化污水处理后方可进入地下水循环。

森林资源的保护。全面实施天然林保护工程，严禁乱砍滥伐。2013 年，"清江源"科技园区的活林木蓄积量达 4 万立方米，通过 3～5 年的有效保护，活林木蓄积量有望达 5 万立方米以上。同时全面开展生态绿化建设，扩建山溪沟和小槽苗圃、新建红豆杉园和红豆杉盆景园、扦插苗圃和生态草坪广场，对园区公路沿线、重点区域进行绿化建设。

对大气的保护。为了减少"清江源"科技园区含硫化合物、含碳化合物的排放，建设风光互补烤房 6 座，生物质半气化炉烤房 30 座。园区内建设沼气池 48 口，以沼气池为纽带，将种植业、养殖业、加工业、旅游业有机结合起来。沼气池以人畜禽粪便、农作物秸秆以及可利用的垃圾等为原料，避免了因焚烧农作物秸秆以及可利用的垃圾对大气造成的污染；生产沼气可为旅游业、加工业和园区人员的生产生活提供清洁能源，沼渣、沼液可用于烟叶生产和其他作物种植。

生物多样性的保护。在"清江源"科技园区智能温室大棚内，人工栽培了热带雨林、亚高山植物、多浆植物及奇花异果等植物品种，建成了青少年认知自然的科普基地。禁止对野生动植物进行滥捕、乱采、乱猎。建立特种牲畜养殖场(野生动物救护站)，饲养了梅花鹿、野猪、豪猪、麂子、猕猴、黑熊等优质品种，不同品种分区饲养，做到清洁卫生、互不干扰。实行重大工程对生物多样性影响的生态影响评价，禁止实施对生物多样性有重大影响的工程建设，保护重要物种栖息地，防止工程建设导致动物栖息环境的改变。

13.3　社会扶贫效益

13.3.1　扶贫工作历程

2008 年 1 月 2 日，恩施州烟草专卖局(公司)与恩施市政府签订了《小渡船办事处望城村现代烟草农业综合开发示范区开发协议》，与望城村经济联合社签订了《土地承包经营权租赁协议》，整体流转望城村 960 亩土地和 6570 亩林地，进行烟叶种植，恩施州首个现代农业综合扶贫开发建设全面启动。随后烟草、养殖、观光产业扶贫辐射到茅坝槽村和蒲家垭组。

　　恩施州烟草专卖局(公司)从产业投入、农田配套设施建设、土地整治、抗灾减灾体系建设入手,通过大规模产业化推进,在短短几年的时间中共投入产业扶贫资金约 6000 万元,完成各类工程项目 68 项,覆盖望城、茅坝槽、蒲家垭近30 平方千米区域。其共建设提灌站 1 座、水池 30 032 立方米(其中人畜安全饮水池 6000 立方米)、整治塘坝 3 处、新修沟渠 24.02 千米、安装管网 251.97 千米;共新修和改扩建公路、田间道路 43.08 千米;集中新建了 4 处 158 栋密集烤房和3 栋可调控工场化晾房;修建了 8 栋 24 拱塑钢育苗大棚;改造基本农田 1150亩;配置各类农机具 92 台套,机耕作业面积达到 2400 亩,机耕作业率达到70% 以上;公路通组率 100%,通户率 80%,改善了三村落后的基础设施条件,基本实现旱能灌、涝能排、路相连、渠相通、通信网络全覆盖,改变了过去人挑背驮、靠天吃水、通信闭塞的落后面貌,夯实了产业发展的基础。2008～2011 年,通过几年的大规模、全方位、深层次产业扶贫(表 13-1),不仅解决了原有扶贫模式数十年无法解决的贫困问题,而且实现了村民经济水平、社会地位、精神层次质的飞跃,建立了一种新的可持续发展的扶贫模式。

表 13-1　望城、茅坝槽、蒲家垭三村产业扶贫投入表

项目投入		2008	2009 年	2010 年	2011 年
产业投入	电力改造/元	19 404.00	38 639.70	102 101.10	97 836.22
	劳动力投入/元	234 000	1 710 000	2 070 000	2 484 000
水池投入	工程量	提灌站一座	4 366 立方米	9 450 立方米	16 216 平方米
	投入资金/元	4 080 817.00	6 528 473.21	2 134 307.00	2 006 750.00
沟渠投入	工程量/米		8 193	15 096	728
	投入资金/元		1 506 396.93	3 404 100.00	58 240.00
管道网投入	工程量/米			112 721	139 250
	资金投入/元			5 547 060.00	8 433 427.94
道路投入	工程量/米	6 620	20 233		16 226
	资金投入/元	4 416 978.00	2 516 288.72		2 224 600.00
土地治理	工程量/亩	370.00	782.07		
	资金投入/元	2 184 300.00	5 256 262.79		
农机投入	数量/台	10	56	4	22
	投入资金/元	60 000	375 970	189 298	108 100
减灾抗灾投入	工程		防雹台		
	投入资金		400 000 元		
总计投入/元		58 187 350.61			

注:数据来源于对望城、茅坝槽、蒲家垭三村的调查

13.3.2 扶贫工作成效

1. 基础设施建设

多年来,"清江源"科技园区集中人力、物力、财力,加大了基础设施配套建设:一是各村组都修建了二级以上道路,货车可以直达农民家门口;二是进行大规模的水利建设,不仅保证人、畜有干净的水资源供给,而且实现了高山上农田的旱涝保收;三是全方位的农田整治,通过开山填沟工程,园区土地基本平整,完全可以实现机械化操作,实现了规模经营;四是在相关部门的大力支持下,着手制定新农村建设规划,启动新农村民居建设,目前已完成58套具有民族特色的民居;五是推进三村合作医疗、教育、社会保障等社会公共事业,初步建立了三村社会保障体系,逐步提高了村民的社会保障水平。

2. 农民收入水平

实践证明,几年来的扶贫工作已基本实现了现代农业发展、农民脱贫致富和新农村建设的三方面目标。2009年,仅烟叶产业、附属产业和基础设施建设三方面就吸纳了当地333户579人务工,占常住户的100%;2010年,已吸纳341户706人就业,两年均实现劳动力100%就业。通过产业的支撑和带动,三村农民的经济收入稳步增长。2009年,望城村人均收入达到4400元,较上年增加1100元;茅坝槽村人均收入达到3700元,较上年增加1900元;2010年,望城村和茅坝槽村村民人均收入分别达到4600元和4500元(表13-2和表13-3)。2011年,园区内村民人均收入达5100元,高出恩施州的农民人均收入(3938元)约1100元;2012年园区内村民人均收入达5500元,初步实现了脱贫致富目标。特别是全面推进生产生活基础设施建设以及多项旅游景点建设,使"清江源"科技园区成为恩施市以望城为中心的生态旅游景区。

表 13-2　2008～2010 年望城村农户家庭收入增长情况

年份	2008	2009	2010
主要收入来源	务工、出租土地	务工、出租土地	务工、出租土地
人均收入/元	3300	4400	4600
比上年增长%	73.68	33.33	4.5

表 13-3　2008～2010 年茅坝槽村农户家庭收入增长情况

年份	2008	2009	2010
收入来源	务工、种植、养殖	务工、出租土地、承包种烟	务工、出租土地、承包种烟
人均收入/元	1800	3700	4500
比上年增长%	9	105.55	21.6

实施产业扶贫几年来，村民 2011 年人均收入达 4563 元（表 13-4），为 2007 年的 255%，而同期恩施州农村人均年收入为 3938 元，村民人均年收入高于州平均水平 16%，说明经过不到五年的建设，"大推进"式的产业扶贫将收入仅为全州 60% 的落后、贫穷乡村彻底改变了模样，收入提高了 2 倍多，遥遥领先于全州平均水平，成为短时间内多层次、广角度、高标准、大规模扶贫投入改变落后山村的经典范例，也为今后其他地区扶贫开发工作提供了宝贵经验。

表 13-4　三村内村民的年人均纯收入

年份	2007	2008	2009	2010	2011
年人均收入/元	1792	3586	4109	4384	4563

3. 农民消费水平

2008～2012 年，"清江源"科技园区农户家庭食物和副食品消费呈现如下特点：一是消费结构变化较大，主要是消费种类增多，虽然仍以粮食、蔬菜、猪肉（油）消费为主，但是蛋类、鱼类、禽肉类、植物油的消费正逐年增多。二是消费支出不断增加，每年约增加 15%。

2008～2012 年农户家庭主要支出呈逐年上升趋势，年均增幅在 13% 左右。支出较大的是"子女教育""人情往来""食品"和"生产性支出"，分别占支出总量的 20%、40%、13%、20%。"生产性支出"方面望城村和茅坝槽村有所区别，2008 年开始望城村农户家庭"生产性支出"比例下降很大，不到总支出的 5%；茅坝槽村 10 户倒包种烟的农户，从 2009 年开始"生产性支出"大幅攀升，占总支出的 90% 以上。部分农户家庭"医疗"和"住房"支出巨大，分别占当年总支出的 80% 和 90%。

4. 农民就业方向

在产业扶贫过程中，恩施州烟草专卖局（公司）积极引导和吸纳当地农民参与到建设过程中，在烟叶生产、基础设施建设、多种经营发展等方面优先使用当地农民，支持农民积极参加各种劳动，提高自身收入水平。目前大部分农民通过"双向选择"，都在烟叶农场、基础设施建设、特种种植、特种养殖、旅游观光产业中就业，三村劳动力实现了 100% 就业，基本实现了"人人有事干、户户能增收"。产业扶贫的带动，不仅解决了原来从事农业生产村民的就业问题，也吸引了外出务工村民返乡就业，保证了扶贫绩效的可持续发展。

一是烟叶产业吸纳了 183 户 276 名村民就业，占常住人口的 33.14%、劳动力的 65.41%。其中茅坝槽片区种植烟叶 1366 亩，吸纳本地农户 149 户 196 人从事烟叶生产就业，占常住人口的 31.16%、劳动力的 59.21%；望城片区种植烟叶 350 亩，吸纳本地农户 34 户 80 人从事烟叶生产，占常住人口的 39.22%、劳动力的 87.91%。

二是基础设施建设吸纳了 105 户 240 名村民就业,占常住人口的 28.81%、劳动力的 56.87%。其中茅坝槽片区基础设施建设吸纳了 168 人就业,占常住人口的 26.71%、劳动力的 50.76%;望城片区基础设施建设吸纳了 72 人就业,占常住人口的 35.29%、劳动力的 79.12%。

三是附属产业吸纳了 45 户 63 名本地村民就业,占常住人口的 7.56%、劳动力的 14.93%。其中茅坝槽片区吸纳了 10 户 25 人就业,占常住人口的 3.97%、劳动力的 7.55%;望城片区吸纳了 35 户 38 人就业,占常住人口的 18.63%、劳动力的 41.76%。

望城和茅坝槽现有农户 348 户、总人口 1060 人、劳动力 712 人、常住户 267 户、常住人口 833 人、劳动力约 422 人(茅坝槽常住 212 户、常住人口 629 人、常住劳动力 331 人;望城常住 55 户、常住人口 204 人、常住劳动力 91 人)。扶贫之前,由于当地村民的科学文化素质不高,没有一技之长,大多数青壮劳动力选择外出务工,从事劳动强度大但回报不高的行业。通过系统培训,当地村民大多返回家乡从事收入稳定的烟草生产工作。以茅坝槽为例,目前全村共有 212 户村民,仍在外务工的仅有 2 户,说明扶贫创新机制的带动作用十分明显。

2008 年,两村共有 45 户外出务工人员在开发后回乡,其中望城村 17 户、茅坝槽村 28 户(在所调查的农户中,2007 年前有 89 户有外出务工人员,其中望城村 30 户、茅坝槽村 59 户)。两村外出务工人员返乡比例分别为 56.7%、47.5%。

5. 农民社会地位

一些村民通过培训掌握了烟草种植、烟草加工的专业技术,甚至有些村民依靠自身努力学习,成为了技术上的人才,从事专业合作社的管理与运营工作。一些原来在外务工的村民纷纷返回村中从事生产,不仅收入有了保障,还能够照看老幼,一改从前村中老弱病残无人照料的局面,提高了老人、儿童的生活质量,使他们的衣食住行都得到了充分保障。

恩施州烟草专卖局(公司)除培训村民科技文化知识外,还重点加强其主人翁意识和责任意识,充分调动村民的积极性;同时发挥合作社的组织优势,将村民的个体努力转化为产业发展。扶贫工作创造性地将恩施州烟草专卖局(公司)的组织模式与村民自治组织架构融合起来,把恩施州烟草专卖局(公司)治理的高效与村民自治的民主结合起来,成为扶贫事业发展的强大推动力。经过近 7 年的培训,以及专业合作社章程的监督与激励,村民的法制意识大大增强,日常生活中遵法、用法,用法律维护自身的合法权益。在经济活动中,村民经济意识大大增强,一改从前落后的小农意识,注重经济发展的长期性和可持续性。恩施州烟草专卖局(公司)的发展也拓宽了村民的视野和思路,一些村民除了在专业合作社中进行生产外,还自己经营产业,许多村民开办了"农家乐"、生态养殖、生态种植,吸引了更多的游客,增加了自身的收入。

"清江源"科技园区未开发前,由于该区域为山区,自然条件恶劣,生活水平低下,当地女孩绝大多数嫁入山下,山下的女孩极少嫁入山上,且许多外出务工村民一旦有了落脚之地就不愿重返山上,导致人口出现负增长。据统计,1998~2008 年没有一个女孩嫁到山上,而山上女孩全部嫁到山下及其他地方。以茅坝槽村为例,1993 年全村人口为 1200 多人,至 2007 年开发以前,全村人口仅为804 人,其中长期居住人口仅 400 余人,有 300 多人长期在外打工。经过多年扶贫建设,科技园区内各村成为了"邻村村民羡慕,外村女孩愿意嫁入"的好地方。

6. 农村闲置资源

在扶贫开发之前,由于地理环境恶劣,望城村和茅坝槽村山体普遍由巨石覆盖,依靠个人力量根本无法开凿出适宜种植的田地,加上全村劳动力大量外流,造成了大量土地闲置的局面,抛荒土地面积占到 50%~70%。在扶贫开发之后,恩施州烟草专卖局(公司)投入大量人力、物力对山间田地进行改造,提高土地利用率高达 90% 以上。同时,通过烟草种植技术和附属产业技术的普及,劳动力基本全部回流,2012 年园区吸纳了望城村和茅坝槽村 333 户 579 人务工(含重复务工),占常住户的 100%、常住人口的 69.51%,劳动力实现了 100% 就业。

第 14 章

辐射推广效应

"清江源"科技园区循环经济模式在成功运行几年之后,其主要方法已推广到恩施全州,特别是秸秆生物有机肥生产与施用、土地整治与修复技术、生物质半气化炉烘烤技术、有机大棚栽培技术等均在恩施州农业生产中得到了广泛应用,真正彰显了科技园区的示范引领作用。

14.1 烟草秸秆生物有机肥的推广

恩施州烟草专卖局(公司)自 2009 年开始研发试制以粉碎烟秆为原料的生物有机肥,2010 年其与中国科学院成都分院、华中农业大学合作,共同开展烟草秸秆生物有机肥研制与产业化应用项目;2011 年其与三色源农业生物有限责任公司联营,批量中试烟秆生物有机肥用于烟叶生产,取得较好效果;2012 年其又在鹤峰县燕子乡建成年产 4000 吨有机肥料生产线。目前,恩施州已设立"清江源"科技园区、鹤峰县燕子乡 2 条烟秆生物有机肥生产线;在利川市柏杨镇建设1 条粉碎生产线;并在恩施市盛家坝与三色源农业生物有限责任公司联营设立 1条有机肥生产线,配备了检测室和先进的检测仪器,年综合生产能力达15 000 吨。

2013 年,恩施州烟草专卖局(公司)在利川市汪营镇投资兴建了生物有机肥厂,在利川市原柏杨镇云上收购组和原汪营镇白果收购组建设了秸秆粉碎厂。2013 年恩施州实际采购使用烟秆生物有机肥 19 212 吨,其中,"清江源"科技园区生物有机肥厂及鹤峰县生产 13 462 吨、利川市生产 2000 吨、三色源农业生物有限责任公司生产 3750 吨。生产的生物有机肥质量总体反应较好,"清江源"科技园区生物有机肥厂生产的烟秆生物有机肥严格执行工艺质量标准,质量监管到位,主要供应宣恩县、咸丰县、鹤峰县、来凤县、恩施市等产区,没有出现任何质量问题。2014 年,恩施州计划生产 30 000 吨烟秆生物有机肥,其中"清江源"科技园区生物有机肥厂 10 000 吨、利川市汪营镇生物有机肥厂 12 000 吨、鹤峰县燕子乡生物有机肥生产点 5000 吨、三色源农业生物有限责任公司联营生产生物有机肥 3000 吨。2010~2013 年,恩施州累计推广烟草秸秆生物有机肥 30 万亩、富硒生物有机肥 15 万亩。

14.2 烟草秸秆生物有机肥生产组织模式创新

2013 年,恩施州烟草专卖局(公司)为了有效解决当前烟农专业合作社经济效益不高、造血功能和凝聚力不强、烟农合作组织松散的问题,寻找以烟农紧密参与、服务于烟叶产业发展、有显著经济效益的优势项目,在行业扶持、社会参与和政府支持下,结合烟草秸秆生物有机肥生产,创新生物有机肥生产模式,创办了利川市金叶生物有机肥专业合作社联合社。

14.2.1 建设意义

落实扶持政策。结合利川市烟区面积广、分布较集中、交通较便利、烟秆资源丰富的特点,抓住恩施州烟草烟秆生物有机肥生产技术日趋成熟,以及恩施烟区急需生物有机肥改良土壤带来的项目机遇,组建利川市金叶生物有机肥专业合作社联合社,实行烟秆由合作社集中回收,原料由合作社集中初加工,肥料由联合社统一生产和供应。从而结合恩施州烟叶生产实际,创造性落实了国家烟草专卖局、湖北省烟草专卖局(公司)关于以项目带动合作社发展的政策要求。

提升烟叶品质。通过建立生态循环农业模式,将易对大气环境、土壤环境、水资源环境造成污染的烟秆、畜禽粪便、污水处理后污泥等废弃物经工业加工为生物有机肥,加强土壤酸化治理,改良土壤结构,提高肥料利用率,提高了烟叶香气质和香气量,促进了烟叶质量、风格的稳定,进而保障了烟区的稳定和持续发展。

增加烟农收入。通过烟秆原料入股和生物有机肥销售盈利分红等多个途径,增加社员的家庭收入。通过组建联合社创办企业,为基地单元合作社增加收入来源,提升社员参与合作社的紧密程度,进而提升烟农专业化合作社的发展后劲和凝聚力。

14.2.2 基本情况

联合社由利川市柏杨烟农专业合作社、利川市汪营烟农专业合作社、利川市元堡烟农专业合作社、鄂西卷烟材料厂、利川市五洲牧业专业合作社共同发起建立。联合社主要从事以烟草秸秆为主的生物有机肥生产、销售等业务。其注册总资本达730万元，其中柏杨、汪营、元堡烟农专业合作社资本330万元；设计产能12 000吨/年，年平均净利润196.72万元，投资回收期约3.7年。

14.2.3 运行模式

联合社采取"社企分工合作，产业链式发展"的方式，组建经济紧密型合作企业，参与烟草秸秆生物有机肥相关的生产、加工、流通环节，烟农以烟草秸秆实物入股，实现烟农、合作社、企业、政府"多赢"的局面，具有明显的社会、经济和生态效益。其中三个基地单元的烟农专业合作社以烟草补贴投入形成的资产进行烟草秸秆收集粉碎并提供给联合社；利川市五洲牧业专业合作社以优质腐熟猪粪作为生产生物有机肥原料提供给联合社；烟农专业合作社、卷烟材料厂负责生物有机肥厂建设投资，卷烟材料厂负责生物有机肥厂建设，组织生物有机肥的生产和销售。

(1)联合社统筹生物有机肥的生产经营管理。联合社按照恩施州烟草专卖局(公司)安排制订年度生产计划，与参与合作的各方签订项目协议，明确任务、交货(完工)时间、质量要求、利润分配等。

(2)联合社内利川市五洲牧业专业合作社与鄂西卷烟材料厂之间属于企业之间的合作，实行市场化运作。利川市五洲牧业专业合作社通过降低畜粪原料价格，改造、修建干猪粪(发酵腐熟)生产车间和泥炭加工车间(资金由五洲牧业专业合作社自筹)，成为生物有机肥厂的定点供应商，按照联合社下达的计划和签订的协议，确保每年生产计划所需5000~6000吨优质干猪粪的原料及时提供。

(3)柏杨、汪营、元堡烟农专业合作社以烟草公司补贴投入形成的资产入股联合社，参与联合社的生产经营，按股份比例进行年底盈利分红。三个烟农专业合作社分别组建烟叶秸秆粉碎厂[基建和设备由恩施州烟草专卖局(公司)给予资金补贴]。

三个基地单元的烟农专业合作社负责烟草等秸秆收集、粉碎，并按计划供应给鄂西卷烟材料厂。机耕服务队组织拔秆和秸秆运输，合作社积极组织烟农以烟叶秸秆实物为主要形式参股，其中，烟农自己拔秆并堆放至路边的按200千克/股(现行收购价为50元)核算，集中区域由合作社机耕服务队实行统一拔秆收集，合作社给予机耕服务队一定的补贴。合作社鼓励辖区内烟农以现金投资入股(投资金额≤100元/亩)。

(4)鄂西卷烟材料厂修建生物有机肥生产厂,按照联合社下达的生产计划负责生物有机肥的生产加工和销售。鄂西卷烟材料厂按照协议向五洲牧业专业合作社采购干猪粪、泥炭,采购实行"单一来源,比价采购(原则上按市场价下浮10%多)"的方式采购;向烟农专业合作社采购秸秆粉,采购实行"谈判采购"的方式,以保障烟农利益。

(5)建立利润返还机制,在提取公积金后按比例分配。实行"按交易量和协议价支付原料款,按出资额对相关成员二次分配"。具体为:①为促进本社发展,联合社提取经营收益的5%作为公积金,提取经营收益的15%为联合社发展资金。②联合社经营收益的80%按照实际资金注入量分红给各分社,合作社按股份参与分红。③各基地单元烟农专业合作社获得的分红收益遵循合作社法和各基地单元烟农合作社章程进行分配。其中,由各基地单元烟农专业合作社提供烟秆原料产生的分红收益,60%按烟秆交易量返还给各烟农专业合作社的烟农成员、40%由各烟农专业合作社作为发展资金留用;由各基地单元烟农专业合作社提供非烟秸秆原料产生的分红收益,分配对象为各基地单元烟农专业合作社全体社员。

14.3 土地资源循环利用模式推广

14.3.1 土地整治

1. 总体情况

恩施州自2008年开始自主探索试点基本烟田土地整治建设工作。截至2013年,恩施州已完成基本烟田整治9.8万亩,项目投资共计2.1亿元。其中2008~2010年完成土地整治5220亩,投资1500万元;2011年完成土地整治8200亩,投资1650万元;2012年完成土地整治5.05万亩,投资约1.5亿元;2013年完成土地整治3.45万亩,投资约1.2亿元。

按照"逐步推广、确保成效"的工作思路,恩施州积极稳妥地推进基本烟田土地整治项目建设工作。为突出重点,确保效益,恩施州烟草专卖局(公司)按照"交通便利、集中连片、围绕基地单元或重点烟区、整村推进"的建设原则,以"充分满足机械化耕作、集约化生产"为目的,将项目投资的重点放在恩施、利川两个市,要求其余各县市至少启动一个烟叶主产村。2013年上半年恩施全州共完成36 354亩土地的测绘及设计。以测量图为依据,恩施州基本烟田土地整治领导小组办公室组织专班全面投入项目工程的核定之中。按照工程核定一处就预算一处、审计一处、审批一处、启动一处的要求，恩施州上半年共实施175个片区33 186亩基本烟田土地整治，项目预算投资8071万元、亩平均造价2450元。整治区域90%以上栽种烟叶，实现了当年整治当年受益的目标。从调查反馈的情况看，整治质量普遍较高，烟农、政府及各级部门都较为满意，且整治区域烟叶长势较为正常。良好的效果已使基本烟田土地整治深入民心，得到了各级各部门的普遍赞许。

2. 推广措施

重点烟区、现代烟草农业基地单元建设区域是土地整治的重点。恩施州以适宜规模化种植、机械化作业和提高土地综合产出率为目标，将建设区域锁定在集中连片、交通方便的轻度、中度整治烟区；并重点抓好1~2个村整体推进的建设；按照先易后难、先试点、后推广的原则，确保整治一片、成功一片、受益一片。准确把握土地整治技术标准，注重与实际相结合，处理好细节和难点，在恩施州历年成功经验的基础上，不断完善和提高技术标准和工作流程，丰富"三度、四宜、八有"工作模式。恩施市舞阳办事处阳雀坝村、二坡村，利川市柏杨镇团员村、柏杨坝村，鹤峰县燕子乡湖坪村、董家村，建始县高坪花园村，巴东县野三关道子坪村，咸丰县尖山乡黄泥塘村等的整村推进模式开创了山地土地整治新模式。2013年土地整治区域涉及20个乡镇40个村，平均每个村整治面积在800亩以上，较好地贯彻了集中、规模推进的预定目标。

整、治结合，丰富土地整治内涵，提升整治综合效益。土地整治破坏了土壤原有结构，打破了土壤原有平衡，短期内势必会降低土地的生产效益。潜在的风险也成为许多地域不愿大面积进行土地整治的重要原因。在承继历年技术方案的基础上，恩施州对土地整治进行了新的定位，即土地整治不光是整，还要治，将整治区域土壤的修复、维护作为工作的另一重点。针对整治后土壤粒径过大的问题，利用旋耕机多次对土壤进行翻整；针对整治对土壤微生物的破坏问题，增施微生物肥料，同时佐以有机肥的使用等农艺手段，有效地对地力予以修复，提升了土地综合利用效率。

恩施州按照"政府主导、烟草投入、烟农自愿、部门配合、整村实施"的原则，政企整体联动，扎实推进了基本烟田土地整治工作的有效开展。恩施州国土资源局、恩施州烟草专卖局按照"统一规划、统一设计、统一实施、各记其功、各负其责"的总体要求配套实施土地整治项目。2012年两个部门联合行文，对4万亩土地整治项目进行配套建设。按照"资金不乱、渠道不变"的原则，在配套项目区域内，烟草部门负责土地整治及田间管网建设；国土部门负责生产路、田间路及沟渠建设。两个部门配套项目实施区域要求一致，按照各自负责的项目建设内容、部门项目管理的程序和要求独立开展项目建设及管理。

　　机械化作业已成为土地整治的主要作业方式，操作人员业务技能、施工的组织安排成为土地整治效果好坏的关键。同时，大部分土地整治工程都是隐蔽工程，过程的监管与控制成为质量、造价控制的关键。针对部分县市刚开始启动土地整治工作，各方面的管理经验还很欠缺，恩施州在城郊基地单元施工队伍中筛选有施工经验的施工队推荐到各县市进行"传、帮、带"，同时加大技术规程及操作的培训，各县市在开工前也将现场培训作为重要抓手，将技术手册印发到了每一个工程队、将操作规程培训到了每一位机械操作人员。为切实加强烟农和村干部的参与力度，各县市均组织烟农代表、村组干部到城郊基地单元参观学习，州土地整治专班利用烟农、村组干部参观的机会组织专家对相关知识予以讲解。

　　积极探索和实践合作社建设管理，推行专业化工作模式。在恩施城郊基地单元和"清江源"科技园区全面试行将土地整治交与合作社组织实施。通过公开遴选确定有建设资质的单位作为合作社合作伙伴，通过合作章程、合作协议对双方权利、义务予以约束，丰富了合作社内涵、壮大了合作社实力。通过烟农专业合作社参与土地整治，一是能较好解决初期农民认识不足、积极性不高的问题；二是由合作社组织开展烟田整治工作，实现了烟区烟田整治民管、民受益，确保了整治质量；三是农户通过加入合作社成为社员，参与烟田整治，增加了收入，同时在参与中提高了务工能力和技能；四是既实现了烟农专业合作社由单一的为烟叶生产服务向烟叶生产基础设施建设拓展，又可以有效增加合作社收入，壮大其经济实力，促进合作社的健康持续发展。

14.3.2　土壤修复

　　从 2008 年起，恩施州烟草专卖局(公司)在"清江源"科技园区开展了土地整治区域烟叶配套栽培技术研究，通过多年的项目攻关，该项研究已初见成效。在2012 年全国烟叶收购暨现代烟草农业建设现场会上，恩施州烟草专卖局(公司)首次将此成果推广到恩施州城郊基地单元土地整治区域，推广面积达 4000 余亩，推广成效显著；2013 年开始，该项技术被陆续推广到恩施州土地整治区域，烟叶长势喜人，效果较为显著。

　　完善土地整治区土壤后续修复与保育措施。一是推广绿肥翻压，培肥地力。绿肥可活化土壤中的无效养分，促进土壤团粒结构形成，促使土壤有益微生物繁殖，加速土壤熟化，已被业界广泛认可。恩施州 2004 年开展绿肥保育植烟土壤效果的初步研究，2007 年联合湖北农业科学院对绿肥种植翻压技术进行了深入的探讨，并于 2009 年 9 月通过项目鉴定。目前，结合土地整治区的相关情况，恩施州烟草专卖局(公司)展开了此区域绿肥改良研究，并推广到恩施全州土地整治区。二是建立科学种植模式，提高生态自调能力。连作会导致烟草土传病虫害危害程度的增加、土壤养分失调，从而抑制土壤生物化学过程，影响烟草正常生长发育。土地整治区域生态自我调节能力下降，较常规烟田更容易产生连作障碍，建立合理的轮作制度，提倡间作驱虫杀菌类芳香作物，发展生态烟叶生产，可加速土地整治区域生态恢复，实现烟叶生产的可持续发展。

2012 年，恩施州烟草专卖局(公司)通过《石灰的合理施用量及科学使用方法研究》项目研究发现，在土壤中施用石灰，能提高土壤的 pH 值、降低土壤中青枯菌的数量，促进烟株生长。石灰、草木灰和煤灰调节植烟土壤的 pH 值效果明显，同时可以调节土壤中的微生物群落，降低青枯菌含量，以 1200 千克/亩草木灰和 100 千克/亩石灰灌施效果较好。2013 年，恩施州在土壤酸化区域增施石灰改良土壤，全州推广面积 5 万亩，示范效果较好。

14.3.3　绿肥改良

种植绿肥是土壤改良的有效措施，绿肥最重要的功能是改善土壤结构，提高土壤生物活性，遏制有害病菌的滋生和蔓延。从 2007 年开始，恩施州分别在"清江源"科技园区、宣恩县晓关乡、恩施市盛家坝乡、咸丰县甲马池乡等地建立了绿肥—烤烟模式示范区。各个示范区的结果均表明种植绿肥可以提高烤烟种植的经济效益。绿肥逐渐得到产区公司生产技术人员和烟农的认可，2007～2013 年，恩施全州累计推广绿肥面积 40 万亩，对烟区土壤改良起到了良好的示范推动作用。

14.3.4　精准施肥

为加强对现代烟草农业基地单元建设的科技支撑，规范湖北烟草测土配方施肥工作，推进烟草施肥科学化、标准化、精准化，促进烟株大田生长营养均衡，改善烟叶质量，实现植烟土壤培肥、烟草施肥和环境安全协调统一，在恩施烟区推广精准施肥。

2012 年，恩施州分别在城郊基地单元和"清江源"科技园区开展精准施肥，面积 2 万亩。针对 2 个区域土壤整治程度较高、土壤肥力低下、肥力分布不均、土壤物理结构较差等问题，恩施州烟草专卖局(公司)开展了高密度的土壤取样工作，提出了"重施有机肥，实施配方到田块的精准施肥"的施肥方针，实现了"当年整治，当年种烟，当年受益"的目标，为 2012 年全国现代烟草农业会议的成功召开提供了有力的支撑，得到了与会领导、专家的一致好评。2013 年，精准施肥增加利川柏杨、元堡 2 个基地单元，技术推广取得较好效果。

1. 构建了四个基地单元小尺度数字化分布图

根据种烟区域地形地势和生产可操作性等因素，利用 GPS 采集研究区域和地块边界矢量数据，恩施州烟草专卖局(公司)构建了湖北恩施"清江源"科技园区、恩施城郊和利川市柏杨现代烟草农业基地单元和利川市元堡现代烟草农业基地单元数字化分布图。

2. 开展了土壤属性与速效养分统计分析与评价工作

采用常规统计方法分析了四个基地单元土壤属性与速效养分的变异，并对土壤肥力状况进行了评价。采用地统计学方法定量地刻画了土壤养分的随机性和结构性、独立性与相关性。明确了不同区域土壤属性和速效养分的空间分布。

3. 建立了基地单元土壤属性和速效养分数信息据库

通过收集近几年来恩施"清江源"科技园区、恩施城郊现代烟草农业基地单元等区域土壤属性和速效养分含量数据，建立了四个基地单元土壤属性和速效养分含量数据库。

4. 制作了不同尺度区域土壤属性与速效养分空间分布图

采取不同的土壤取样密度，制定了中、小、微不同尺度的土壤属性与速效养分空间分布图。中尺度土壤属性与速效养分空间分布图能够总体反映某一区域土壤肥力的变化状况，能够为测土施肥大配方的制定提供参考；小尺度土壤属性与速效养分空间分布图反映了小区域内肥力水平、自然田块边界和地形部位等的差异，因此养分分布图可以反映大田块的实际供肥水平，对田块的施肥具有实际的指导意义；微尺度土壤属性与速效养分空间分布图不仅考虑了田块的自然边界，同时也考虑了田块内地形和土壤肥力的差异，尽量使各田块的土壤肥力基本一致，因此微尺度养分分布图能够真实反映各小田块土壤肥力的差异，是实现精准施肥的基础。

5. 构建了土壤养分信息化管理与精准推荐施肥系统

采用 ArcGIS 平台对区域内所涉地块进行"图层提取"，链接相关的属性数据库表，形成农户/地块土壤养分、肥料与烟草生产综合管理数据库系统，充分利用 GIS 的各项功能，根据用户需求对数据库中的信息进行添加、查询、提取、展示等，最终建立了农户/地块土壤养分、肥料与烟草生产综合管理数据库系统。

根据已有的试验研究成果和"清江源"科技园区的土壤养分特征，提出园区烟草分区施肥推荐指标体系，在 GIS 平台上进行第二次开发，并耦合土壤养分GIS 和推荐施肥程序模块，建立了专家推荐施肥系统，实现根据园区地块的土壤养分及其他相关信息进行精准推荐施肥，促进土壤、肥料等养分资源的合理高效利用。

6. 对精准施肥养分分级标准进行了验证

2013 年恩施州烟草专卖局(公司)在恩施城郊基地单元开展了精准施肥养分

分级推荐用量验证工作，以便对精准施肥养分分级指标进行修正。

7. 建立了烟叶精准推荐施肥生产示范区

利用精准施肥项目研究结果，选取湖北恩施"清江源"科技园区、恩施市城郊现代烟草农业基地和利川市元堡现代烟草农业基地等典型区域建立精准推荐施肥试验示范样板。截至 2014 年，累计推广面积达到 20 万亩，而且通过精准施肥项目的实施，化肥的施用量减少了 18.5%，每亩的肥料投入减少了 93.8 元。

14.4 其他循环模式的推广

14.4.1 生物质半气化炉

恩施州具有丰富的烟草秸秆资源，将之加工后用于烟叶烘烤可减少煤炭等不可再生资源的消耗，有利于保护生态环境；还可以降低烘烤成本，减少烟田病原基数，降低企业生产经营成本，实现循环经济。2009~2011 年，生物质半气化炉的试验示范结果表明，烟梗和烟秆压块完全可以替代燃煤用于烤烟，生物质半气化炉及其烘烤技术能够保证烟叶烘烤质量，一方面使废弃物得到合理利用，有利于治理环境污染和保持田间卫生；另一方面可以节约燃煤等能源，为烟农节约烤烟成本，提高烟叶种植的经济效益。恩施复烤厂每年打叶复烤产生烟梗约 0.8 万吨。作为一种副产物，烟梗流入社会给不法分子制造假烟的机会，燃烧处理会造成环境污染和资源浪费，深埋处理又需要大量的资金。因此，如何妥善处理烟梗，一直是困扰烟草行业的一大难题。据 2011 年统计，通过生物质半气化炉烤房的推广应用，将全部烟梗加以利用，则可以烘烤烟叶 14 700 亩；每年可为烟农节约 144.65 万元的直接烘烤成本，同时也能为复烤厂节约 50 万元处理费用，直接经济效益为 194.65 万元/年；可节约标煤 3100 吨(折合资金 352.65 万元)，减少二氧化碳排放 0.62 万吨(按照国际碳交易平均价格测算，折合资金 41.97 万元)，环保效益 394.62 万元/年；综合效益为 589.27 万元/年。2010~2013 年，生物质半气化炉烘烤烟叶技术累计示范推广面积达 3 万亩，产生了良好的经济、社会和生态效益，对烟叶行业和社会的可持续发展具有重要意义。

14.4.2 育苗大棚综合利用

近年来，随着恩施州现代烟草农业建设稳步推进，烟区基础设施条件明显改善，育苗、调制等烟叶生产设施不断增加，设施农业水平显著提高，大大夯实了以烟叶为主的农业生产基础。恩施州大力开展烟叶生产设施综合利用，按照"多品种、多模式"的种植思路，利用育苗设施种植食用菌，品种包括反季节香菇、秋栽香菇、毛木耳、灵芝、茶树菇、猴头菇等；种植模式有立地栽培、层架栽培、覆土栽培、脱袋出菇、保水膜出菇、不脱袋出菇等；种植时间为 6 月下旬至次年 2 月上旬。据统计，2013 年恩施全州配置齐全的育苗工场、塑钢大棚占地 2000 余亩，每年推广食用菌种植面积占大棚面积的 60％以上，2010～2013 年累计推广面积 4000 亩。恩施州食用菌种植主要分布在 15 个育苗合作社，种植 100 万袋食用菌可增收 150 万元左右。育苗工场由县市烟叶公司经营，安排专人专班负责管理。集群大棚、育苗基地、塑钢大棚群的建设，发展出了合作社经营、承包经营、烟草站经营和个体经营等多种经营方式。

第七篇 ▎循环经济展望

　　"清江源"科技园区经过七年的发展，已进入同行业科技园的先进前列，成为在中西部农村实践循环经济，走可持续发展之路的样板。"清江源"科技园区的一系列现代农业技术创新已成为恩施州农业技术的研发中心、扩散中心，起到了现代农业科技园的引领作用。"清江源"科技园区的扶贫成效为武陵山连片贫困山区扶贫创造出具有可持续性、可扩散性的市场化产业扶贫之路。

第 15 章

科技园区创新与探索

"清江源"科技园区在循环经济领域取得了巨大成功，并产生了良好的经济、社会及生态效益，对其成功之处进行深刻总结，对其存在的不足之处开展深刻反思，有利于科技园区在循环经济实践中不断成长。

15.1 现代农业理念引领科技园区建设

恩施州处于武陵山区，长期以来受制于山区地理环境，形成了交通不便、土地资源有限、社会发展落后的状况，使得农民生产一直只能种植玉米等粗粮，基本处于自产自食的落后状况，难以维持基本温饱。二十余年来，由于农业生产中使用了化肥、农药，生态环境遭受了极大破坏。因此，发展现代农业、建立可持续发展机制不仅是山区农民脱贫致富的需要，而且是保护武陵山区良好的生态环境、实现人类不断繁荣昌盛的需要。

"清江源"科技园区的建设者从园区规划的开始就意识到了武陵山区的农业低水平状态，必须按照现代农业理念引领科技园区建设，将望城片区改造成为现代农业的示范科技园区。

现代农业针对传统农业高投入-低产出的环境破坏型生产模式，强调农业生产中要遵循生态学规律，建立循环经济的农业生产可持续发展模式。因此，在兴建科技园区时，决策者就意识到在山清水秀的武陵山区要实现经济发展和生态保护并重的战略目标，就必须将循环经济原理与运行模式作为"清江源"科技园区建设的重点。

　　"清江源"科技园区全体建设者都按照战略目标集思广益，借鉴国内外一切循环经济的先进实践经验，立足于科技园内的主打产业——烟草种植业的实际，建立起完整物质能量循环体系和低碳节能的可持续发展机制。循环经济主要实施"产业循环、加工循环、资源循环、农户循环"四大循环体系建设，包括以烟秆物质再利用为核心的循环模式，以沼气池为纽带的废弃物处理循环模式，以污水处理系统为核心的水资源循环利用模式，以太阳能、风能等新能源利用为核心的循环利用模式。有机农业开发按照"公司指导、农户种植（养殖）、产前投入、订单回收、价格保底、收入保底"的运行模式，主要突出有机作物种植业和有机畜禽养殖业两个方面。秸秆经加工后变为有机肥，既减少了废弃物燃烧所产生的有害气体，又保护了土壤微生物结构，避免了化肥对土地与农作物的副作用；生活废弃物进入沼气池，转化为清洁能源和有机肥料，应用于日常生活以及有机种植。良好的循环经济模式已使"清江源"科技园区成为武陵山区集现代农业与旅游观光为一体的风景名胜之地。

　　生态环境的改善与绿色有机思想相结合，打造出独具"清江源"特色的绿色有机产品体系，包括有机菌种、有机家禽家畜、有机烟草及生态旅游。特别值得一提的是，依托于"清江源"科技园区的有机烟草，无论在品质还是价格方面都优于其他品种，这为恩施州烟草专卖局（公司）创造了巨大的经济效益和品牌效益，同时也实现了人与自然的和谐发展。目前，"清江源"科技园区在大力培植烟叶主导产业的同时，积极发展循环经济和蔬菜、瓜果、食用菌等有机种植业，已形成"清江源"系列有机产品。"清江源"科技园区还建立了一个菌种厂和生物有机肥厂。菌种厂可年产200万袋栽培种，拟建成恩施州最大的食用菌生产科研基地和微生物研发生产基地。生物有机肥厂年生产能力为6000吨，消化利用烟秆、烟梗等废弃物5000吨。同时，"清江源"科技园区还发展了大棚综合利用、特色养殖、苗圃等产业。

15.2　重视循环经济中的科技创新作用

　　"科学技术是第一生产力"。实现农业的持续稳定发展，关键在于科技的创新与运用。"清江源"科技园区构建了现代烟草农业发展的技术创新体系。

　　第一，打造集中式科技研发、推广、示范平台。一是建立了良好的运行机制。"清江源"科技园区实行省局主管、恩施州烟草公司主办、相关科研院所和工业企业参与配合的建设模式，采用"专家＋公司＋专业合作社＋农民"的技术对接机制。二是划分了科研功能定位。"清江源"科技园区被划分为现代烟草农业技术研究中心、科技成果转化产业开发区、现代烟草农业技术培训中心三个部分，形成了恩施州烟叶科研、试验、示范平台。三是积极实施了系列科研项目，围绕"清江源"特色优质烟叶品牌进行建设。2008 年以来"清江源"科技园区开展了 80 多项科研、示范、试验项目，为恩施州烟叶新品种、新技术、新农药、新装备的开发提供了研发技术、人才及示范基地，推动了恩施州烟叶生产技术的进步和烟叶质量的稳定提高。

第二，构筑以技术中心为主体的技术研发体系。技术中心定位为恩施州烟草科技研发与管理中心，以园区为平台，大力开展科技研发工作，将国家烟草专卖局、湖北省烟草专卖局（公司）重点项目安排在"清江源"科技园区，前沿性、基础性研究集中在"清江源"科技园区，先进技术成果展示在"清江源"科技园区。技术中心下设现代烟草农业研究室、"清江源"烟叶品牌研究室、特色品种选育室、生物环保科技室、化验检测分析室、硒资源利用研究室、病虫害预测预报站七个研究室，并且把"清江源"科技园区作为科技研发和创新的主要平台，把恩施州作为科技成果转化和基础应用的推广平台。同时，技术中心还建立了技术研发、推广体系和覆盖行业多个领域的技术合作体系。其与青州烟科所、湖北烟科所、河南农业大学等高校、科研院所建立了紧密的合作关系，与华中农业大学共同建了博士后科研工作站，聘请国内知名烟草专家为烟叶生产技术顾问，建立了产学研一体化的有效机制，形成了以我为主、合作开发的技术研发体系。

第三，形成延伸到基层的技术推广与培训体系。恩施州烟草专卖局（公司）以科技园区为平台，形成了州、县、站、组四季特色优质烟叶技术推广体系。"清江源"科技园区以技术培训、学术交流为主要形式开展人才培养，同时，恩施州各县市也成立了技术推广站，结合当地生态条件，有针对性地开展技术研发、示范推广和培训工作。

第四，采用现代科学技术指导农业生产。现代农业是综合性和多元化的新型产业，必须依靠现代科学技术组织农业生产。"清江源"科技园区已大量使用生物技术用于土壤微生物改造与循环，优化土壤微生物结构，提高土壤阳离子交换量，增加其养分和生产力。利用信息技术对农作物品种进行培育、筛选，对农作物生产进行全面管理，有利于提高烟叶品质；利用信息技术对区域内土壤结构进行遥感分析，有利于提高资源利用效率。

15.3　建立适应现代农业的组织体系

要建立现代农业，实施循环经济，就必须要建立现代农业基本制度，如农村土地制度、农业经营制度、收入分配制度等，这样才能进行规模化、集约化的农业生产，探索并实行循环经济的模式。如果不进行上述的制度创新，极难将传统的小农生产方式改造为现代综合性的可持续发展农业。

"清江源"科技园区在现代农业制度变革中主要做了以下三大工作。

15.3.1　土地流转与承包创新

"清江源"科技园区建设以行业自助投入和政府（道路、新农村）投入为主，对土地进行整体租赁。"清江源"科技园区土地流转价格以当地农作物或者土地租金为比照，适度高出市场价格，对望城村、茅坝槽村 338 户农民的 4047 亩耕地和望城村 8550 亩林地，实施了土地流转和整体租赁，租期都为 50 年。然后对上万亩高山薄田和废弃乱石山地进行大规模集中整治，经过七年的艰苦努力，将其改造为土地平整的成片农业良田，为科技园区的发展奠定了坚实的基础。

15.3.2　烟农合作模式创新

恩施州烟草专卖局（公司）通过创新合作模式把"清江源"科技园区烟农组织起来：一是"公司＋合作社＋农户"的组织开发模式。通过"公司＋合作社＋农户"的组织开发模式，把开发公司、合作社和农户等有机地联系起来，形成了一个紧密的经济联合体，充分发挥了合作社的桥梁纽带作用，形成了统一管理、分工负责的组织管理体系。二是"一社三体"烟叶生产经营管理模式。合作社建立了"一社三体"的烟叶生产经营管理模式。"一社"，即烟草专业合作社；"三体"，即公司化集中种植、专业农场、专业户承包三种烟叶生产经营主体。由专业合作社对三种模式运行主体负责管理和服务，形成统一管理、独立经营、专业服务的有机整体。三是服务性与经营性相结合的运转模式。在联合社的统筹下，"清江源"科技园区两专业合作社分别组建了各自的专业服务队，为烟叶生产提供有偿专业化服务，突出服务性运转模式。同时，各团队在专业合作社分别承担相应的业务，突出经营性运转模式。四是规范现代、科学的合作社管理机制。合作社形成了"机构健全、管理联合、统分结合、运行规范"的管理运行机制，即内容更加健全、内部管理更加规范、服务能力明显提高、产业建设及市场开拓能力明显增强、带动农户能力明显增强的机制。该机制为"清江源"科技园区综合开发提供了更优质的服务，建立了集专业服务和产业建设于一体的综合性合作社，实现了与现代烟草农业、经济发展、综合开发、农户增收的同步发展。通过相关努力，合作社已建设成"上联公司、中拓市场、普惠农民"，集专业化服务和产业建设为一体，能够推进"清江源"科技园区建设的重要参与组织、服务组织和农民管理组织。

另外，"清江源"科技园区以地方政府为支撑，以合作社为依托，以本地农户为主要依靠对象，构建了"管委会＋地方政府＋村委会＋烟叶专业合作社＋农户"五位一体的组织构架，形成了统一管理、分工负责的组织管理体系。该体系集中各方力量，有效整合资源，形成了科技园区建设的强大合力，保证了科技园区开发的有效推进。

15.3.3　建立利益分享机制

"清江源"科技园区在发展过程中面临着种种困难，如何凝聚人气、团结一心地建设好科技园区是关键，在恩施州烟草专卖局(公司)的正确领导下，科技园区制定了相关收入分配政策，有效地调动了科技园区各方面积极性，促进了科技园区现代农业与循环经济的发展。

一是稳定烟草种植收购与补贴政策。恩施州烟草专卖局(公司)在"清江源"科技园区内安排烟草种植计划，保证种植产品的稳定销路。同时，对种植烟草给予一定补贴。二是提供专业化技术培训服务。针对当地农民普遍素质低、难以适应现代化农业生产需要的实际情况，"清江源"科技园区对农民进行了不同层次的大规模培训，以使他们掌握现代农业生产技术、熟悉循环经济原理和时间环节，从而保证循环经济落实到科技园区生产的每一个环节。培训采取以大田种植、室内展示为载体，通过图片、实物展示、动手参与等方法对技术人员、广大烟农进行新品种、新技术、新工艺、新模式培训。"清江源"科技园区通过培训，强化了恩施州烟草科技队伍建设，普遍提高了烟农的文化水平和生产基本技能，培养造就一批具有一定的科技水平、能基本使用现代技术、了解社会信息的新型烟农，提升了恩施州烟草专卖局(公司)基层员工科技知识、业务技能。同时，"清江源"科技园区又组织各种形式的专业服务队，从品种培育、有棉种植、土地平整、农田机械化耕种和烟叶烘烤等一系列环节为农民提供专业化服务，为农民规模化经营提供了有力支撑，确保农民安心务农。三是进行新农村建设。"清江源"科技园区所在地区原是贫困山区，农民住房普遍为土坯房，科技园区进行了大量的基础设施建设，修建了柏油公路直达村民小组，挖掘蓄水池解决了山区人民饮水困难问题，修建了砖混结构的"小洋楼"保证农民的住房需求，设立了山区卫生所解决了农民看病难问题，彻底解决了山区农民居住、行路、饮水、医疗等一系列老大难问题，将昔日贫困的山区建设成为风景秀丽、人民安居乐业的天堂。在当前农村因征地频繁发生矛盾的环境下，"清江源"科技园区人心一致搞建设，呈现出社会和谐安定的局面。

15.4 创建支持循环经济的制度体系

在一个落后的农业生产环境中建立现代农业生产模式、进行循环经济实践，所遇到的阻力是巨大的，涉及人们是否接受循环经济思想，如何建立循环经济等一系列问题。面对上述难题，"清江源"科技园区决策者采取了一系列措施，特别是有针对性地进行了相应制度建设，确保科技园区现代农业和循环经济顺利推进。

针对建立循环经济的重要性，国家、省及州烟草专卖局的各级领导在不同场合都大力提倡发展现代农业，建立烟草业可持续发展机制。强调发展循环经济、走绿色农业之路，这既是烟草业升级换代、产品转型、满足烟草产品严格环保要求的需要，又是农业能否减少污染，确保土地资源、水资源能否世世代代循环使用的需要。正是保证人类的持续生存的严酷现实，使得"清江源"科技园区全体建设者明白，只有在武陵山区创造性地实施现代烟草农业循环经济发展模式，才能落实国家烟草专卖局制定的现代烟草农业转型的目标，实现党中央所倡导的可持续发展模式，这为科技园区建设打下了坚实的思想基础。

对于武陵山区如何实现传统农业向现代农业的转型，"清江源"科技园区进行了艰苦的探索。原因在于在连绵的丛山之中不可能建立大规模的、成片的、便于机械化操作的现代农业，这使得农业产业化、机械化面临着先天不足的困难。但是，"清江源"科技园区建设者以现代化农业理念为指导、以循环经济建设为突破口，短短七年内高标准地建立了系统的现代农业循环经济体系，发展了现代种养殖业、休闲观光业等综合现代农业体系。为此，恩施州烟草专卖局（公司）从制度上加强建设，确保"清江源"科技园区成为国内一流的、在中西部贫困山区具有典型示范作用的现代化农业科技园。

为了从制度上保证农民融入科技园区现代农业建设，"清江源"科技园区采取如下措施促进农民参与循环经济建设。一是大量招聘当地农民，由他们分别承包土地，然后对其进行现代农业的专门技术培训，掌握现代农业种植技术，其他人员有的进入专业合作社，为第一线农业生产提供土地平整、育苗、烘烤、抗旱排涝等服务，剩余人员则进入休闲观光业、特色种养殖业工作。"清江源"科技园区坚持优先安排当地村民就业，帮助其发展，实现了该区劳动力100%就业。其中，常住人口就业率达到90%以上，基本形成了"人人有事干，户户能增收"局面，基本实现了"脱贫致富"的目标。二是对使用有机肥的农户每亩按照一定金额进行补贴，对收售烟草秸秆的农户每亩再给予一定补贴，从而鼓励农民参与秸秆转化为有机肥环节，这为科技园区大规模实施循环经济建立了坚实的制度保障。

三是按国家烟草专卖局对现代农业基地单元的总体要求进行建设，恩施州烟草专卖局(公司)分别对园区种植规模、机械化程度、节能减排、烟叶品质、专业服务程度、绿色产品品质、农民基本素质等一系列标准进行考核，从各个环节构造现代农业生产模式。恩施州烟草专卖局(公司)并在一段时期后进行严格验收，从制度上确保了"清江源"科技园区必须走循环经济、可持续发展之路。

15.5 探索可持续发展扶贫模式

武陵山区由于自然条件恶劣，交通不便，贫困程度较深。长期以来，国家对该地投入大量人力、物力、财力进行扶贫开发工作，取得了一定的成绩，但贫困问题依然突出，农业生产、经济收入、基础设施水平仍然较低，说明传统的扶贫模式要突破武陵山区的贫困陷阱存在极大的困难。面对自然资源不足、基础设施落后、人力资本匮乏、生产水平低下的武陵山连片特困地区，如何构建长期有效的扶贫制度，建立健全可持续发展的扶贫模式，从而根本性地解决困扰当地已久的贫困问题，对于国家解决集中连片贫困地区战略任务具有极强的现实意义。

目前有限的扶贫开发与建设资金面对广大的贫困地区方方面面的巨大需求来说，无疑是杯水车薪。武陵山区贫困程度较深，基础设施、农田整治、公共服务等很多方面都需要大量投入，在有限的资金条件下无法产生应有的效果。因此，持续二十余年的扶贫工作尚未使村民走向富裕，现阶段的国家扶贫政策、制度是不可能从根本上解决其贫困状况的。

"清江源"科技园区扶贫历程充分表明，传统的扶贫模式，由于投入方式和投入力度不够科学，扶贫效果并不十分理想。武陵山区的贫困是多种原因造成的，包括资源匮乏、基础设施薄弱、农民素质较低等，要打破贫困陷阱，避免贫困循环，必须按照现代经济发展理论，进行大规模投资，特别是从基础设施、能力培训、产业开发等方面进行综合、均衡的投资，实行整体推进，才能改变当地贫困面貌。"清江源"科技园区全方位、多角度、大规模投入的可持续发展扶贫体系取得了极大的成功，打造了扶贫开发、经济发展、社会进步的增长极。同时其以点带面、辐射带动相邻其他地区，产生了极大的扩散效应，带动了周边地区农民种植烟叶，改变了当地的贫困面貌，实现了企业利润与扶贫开发的双赢，产生了良性循环，形成了可持续发展的产业扶贫模式。这种成功的扶贫模式对于武陵山区及全国其他贫困地区都有极大的借鉴意义。

无论是政府推动型还是公司参与型模式，进行扶贫开发都需要结合当地特色资源，瞄准市场，找准定位。在扶贫开发中，必须以企业与农民为主体，建立以市场为导向，以贫困地区特色产业为载体，以经济合作方式为实体，在政府指导、企业援助、农户参与情况下的三方利益共享、风险共担的长效性市场化扶贫机制。同时，要健全农民培养机制。我国有句古话，叫"授人以鱼，不如授之以渔"；诺贝尔经济学奖获得者舒尔茨指出，国家之所以在短时间内实现了经济的高速繁荣发展，在于这些国家具有较高的国民素质和教育水准，充分发挥了人力资本的作用。因此，要对农民进行教育培训和技术指导，提高人力资源质量。"清江源"科技园区反贫困实践证明，提高贫困人口的素质技能和市场竞争中的主体地位，是帮助其脱贫的关键。因此，在"清江源"科技园区扶贫工作中，农户的能力培养、技术培训是扶贫工作的重点。在培训中坚持的原则包括：第一，优先将先进的科技理念推广到经济薄弱地区；第二，将剩余劳动力再就业问题和企业人力资源规划相结合，提高农民的职业技能，实现再就业。第三，劳动力市场化运作方式，通过在劳动力市场双向选择，农民可以实现自身价值最大化和用工效率最大化。

第 16 章

科技园区未来展望

"清江源"科技园区发展与循环经济实践取得了显著的成绩，但由于发展时间较短，武陵山区没有现成经验可供借鉴，还存在一些问题。例如，科技园功能定位不足、循环经济仍存在提升空间、相应制度还需要进一步深化改革等，这些均需要在未来发展中进一步得到解决。

16.1 科技园区功能拓展措施

近几年来，"清江源"科技园区在建设基础设施、发展综合产业、完善农村公共配套设施等方面都进行了进一步完善。但科技园区功能的进一步拓展，不仅要平衡发展、扩大规模、优化基础设施、建设产业项目，更需要由"清江源"科技园区管理委员会在原有局部规划的基础上制定一个整体的中长期发展规划，用于指导园区的建设，发挥规模效应。这种"整体效用大于局部效用"的理念既有利于提高原有零散规划的利用率，又能进一步提高园区发展的连续性、稳定性，确保功能拓展的实效性。

按照"因地制宜、统筹发展、主导产业优势、科技先导、市场供求、经济效益、可操作性"的原则，在"六位一体"的功能和四大分区结构的基础上进一步对园区进行布局和规划，力求把"清江源"科技园区打造成为现代烟草农业科技创新示范区、现代烟草农业循环经济示范区、现代烟草农业休闲观光示范区和农村合作社与新农村建设示范区。

根据以上原则,将"清江源"科技园区的四大分区扩展为六大功能分区——科技研发与推广中心、先进农业科技示范区、能源转换中心、体验娱乐区、管理服务区、社会主义新农村示范区。

(1)科技研发与推广中心。建设技术研发中心,为科技人员和高校毕业生提供研发场地和条件,研发成果在"清江源"科技园内示范应用,为园区发展提供有力的技术支撑。建设推广中心,同时组建技术咨询专家组,举办培训班、观摩会、研讨会、成果发布会、论坛讲座等多种形式活动;建立农业科技园区信息网络体系,以最新的科技成果和先进的实用技术为依托,借助互联网及现代通信设施,利用信息咨询热线、专家互联网可视坐诊、科技短信等形式,向园区及周边地区涉农部门、农民等提供及时有效的科技信息服务,使其接受现代农业教育,提高基层科技工作者和农民的整体素质,真正达到示范推广的目的。

(2)先进农业科技示范区。先进农业科技示范区包括绿色蔬菜种植示范区、绿色生猪养殖示范区和淡水养殖示范区:①绿色蔬菜种植示范区建立节能型日光温室、智能全光照无土栽培示范温室、净菜加工厂和冷藏库。选择适合当地种植的特色蔬菜,选育并自主研发优良品种,创立自主品牌。同时,运用先进的绿色种植技术,采用现代化蔬菜设施种植模式,建立科学陆地种植示范区,以"公司+农户"的运作模式,为打造恩施最大的特色蔬菜生产基地起到示范带动作用。②运用现代养殖技术,建设标准化优质肉猪生产基地及配套的饲料生产厂。③淡水养殖示范区利用开阔水面进行,并且可以利用沼气生产过程中产生的沼渣做淡水养殖的饲料,充分体现农业循环经济的效益。同时利用河道,打造沿河景观带,带动园区旅游业的发展。

(3)能源转换中心。能源转化是生态循环经济的亮点。伴随养殖场建设能源转换中心(沼气生产中心和沼气发电厂),利用牲畜养殖产生的大量粪尿进行无氧发酵,产生沼气,再利用沼气为科技园区的温室、猪舍、新农村社区、服务性建筑设施提供供暖、供热和燃料,形成科技园区内部的能源循环,实现生态循环的目标。

(4)体验娱乐区。体验娱乐区包括展示区、采摘、无公害水稻种植、代管田、水上活动区和林下活动区:①展示区为全州的中、小学生创建农业、民俗科普教育基地。这不仅解决了中、小学寻找合适的社会实践基地难的问题,而且对宣传和开发园区旅游产业具有远期效益。②采摘区包括果树种植和绿色蔬菜种植。人们可以通过亲手采摘,体验收获的乐趣。③在无公害水稻种植区,游客可参与各期的农事活动,特别是青少年可以通过体验增进对农业知识的了解和认识。④代管田则是规划出小块田地,按面积包给城市市民种植蔬菜和果树,园区提供种苗、种植、养殖技术,市民可以随时到田间参加种植和管理。承包人不在时,由园区代管,其收获成果归市民所有。⑤水上活动区主要是指借助内河修建垂钓场所，开辟独具特色的水上活动等。一方面形成特色旅游产品，另一方面丰富园区的活动内容，增加对游客的吸引力。⑥林下活动区可提供良好的野营烧烤场所，游客通过自带或租赁野营、烧烤工具，在园区内购买食材，体验自力更生的乐趣。

(5)管理服务区。管理服务区主要包括办公区、住宿区和生态餐厅。住宿区和生态餐厅都以打造特色为出发点，建筑外观采用土家族的建筑风格，生态餐厅以"农家乐"饭菜为主，体现绿色、生态的观念，突出民族特色，同时要努力营造出"家"的温馨感。

(6)社会主义新农村示范区。利用地源优势，开发居住区，建设新农村居民用房，改变农村居民的住房条件和传统生活方式，加快农村城市化进程；并利用能源转换产生的沼气和电能解决居民的生活用能问题。

现代农业科技园的综合开发已成为当今农业科技园发展的必然趋势，通过参考国内外先进的科技园区发展模式，正确定位科技园功能，制定合理科学的持续发展规划，"清江源"科技园区建设的步伐必将大大加快，成为一个完美结合第一、二、三产业的高效、节能、环保的农业科技园，成为一个能满足人们对健康食品和精神愉悦需要的科技园，成为现代国内农业科技园发展的榜样。

16.2　完善循环产业体系

"清江源"科技园区在循环经济领域的不断探索发展中取得了令人瞩目的成就，其中以循环经济的发展模式最为成功，走在了国内外同类型农业科技园的前列。但由于成立较晚、发展时间较短，其自身仍有一些需要改进之处。

16.2.1　清洁能源的使用现状

太阳能、风能、空气能、沼气等清洁能源的利用降低了污染物排放量，提升了园区空气质量，同时节约了煤、电的购买成本，提高了烟叶质量，实现了低碳经济、节能降耗、保护环境的目标，经济效益与生态效益的完美统一。但是应该看到目前的清洁能源利用情况还并不完美，突出反映在以下几个方面：

首先，清洁能源的使用范围不够广。目前有 6 座新能源烤房投入使用太阳能、风能、空气能，由 30 千瓦风机发电机、96 平方米太阳能集热板、12 台 5 匹空气热泵组成，能够满足 120～150 亩烤烟需要，这与目前"清江源"科技园区 4600 亩烟田相比仍有较大的差距。

其次，清洁能源的使用层次不够深。限于自然原因，每年烤烟只有一季，烤房的使用时间较短，其他时间不能产生效益。另外，沼气虽然能在取暖、烹饪等方面代替煤、电，但"清江源"科技园区的其他生产过程仍依赖传统的能源，如照明、办公、灌溉等大部分依赖电能。

16.2.2 烟草废弃物利用现状

烟草废弃物的综合利用与开发将废弃物降毒、降害，变为进一步生产所需的原料，目前的利用主要是围绕制作生物肥料、生产沼气进行，取得了初步的成效，废弃物中所含的氮、磷、钾等营养物质成为进一步生产的原料，其他有机质则转化为热能，既清理了烟草废弃物，避免长期堆放田间造成病虫害滋生及生态污染，又将营养物质进一步利用，实现了物质和能量的循环。

值得注意的是，目前的烟草废弃物循环利用程度较低，仅仅简单提取其中的无机物，作为肥料投入生产，并未对其中的有机成分作进一步的分析与吸取，没有形成成熟的工业产业链条，未进行深入加工处理，导致产品的附加值仍然较低，造成了资源的浪费。

16.2.3 清洁能源发展的改进措施

针对清洁能源的发展现状，为了提高清洁能源的使用效率及使用范围，拓宽循环经济发展思路，深化循环经济内涵，太阳能、风能、空气能、沼气发展应从以下两个方面入手进行进一步扩展与改造。

首先，进一步建设清洁能源烤房，全面替代原有设备。目前，清洁能源烤房辐射面积150亩，占全部4600亩烟田的3.2%左右。应在原有成绩基础上总结经验，对其他烤房进行清洁能源改造，优化烤烟设备，实现烤烟过程无污染、无公害。

其次，整合现有清洁能源系统，实现清洁能源在"清江源"科技园区中的全面覆盖。由于目前设备存在局限，清洁能源的生产及使用的分割状况较为突出，无法实现从全局角度统一调度、调节。下一步应将各个系统有机结合，并实现统一调度、统一协调，更为高效、便捷地使用清洁能源，通过优化、改造最终实现清洁能源在科技园区的全面覆盖。例如，在非烤烟季节将供应烤房的太阳能、地热能、空气能、风能转化为电能，进入园区电力系统，由园区统一调配供其他生产部门使用。

16.2.4 烟草废弃资源进一步利用

循环经济要求把经济活动组织成为"自然资源—产品和用品—再生资源"的反馈式流程，所有的原料和能源都能在这个不断进行的经济循环中得到最合理的利用，从而使经济活动对自然环境的影响尽可能减小。基于以上循环经济的思路和方法，烟草废弃资源作为一种重要的天然资源将以"资源—产品—再生资源"的模式开展相应的产业链构建。以下是对烟草废弃资源进一步利用的产业链流程(图 16-1)。

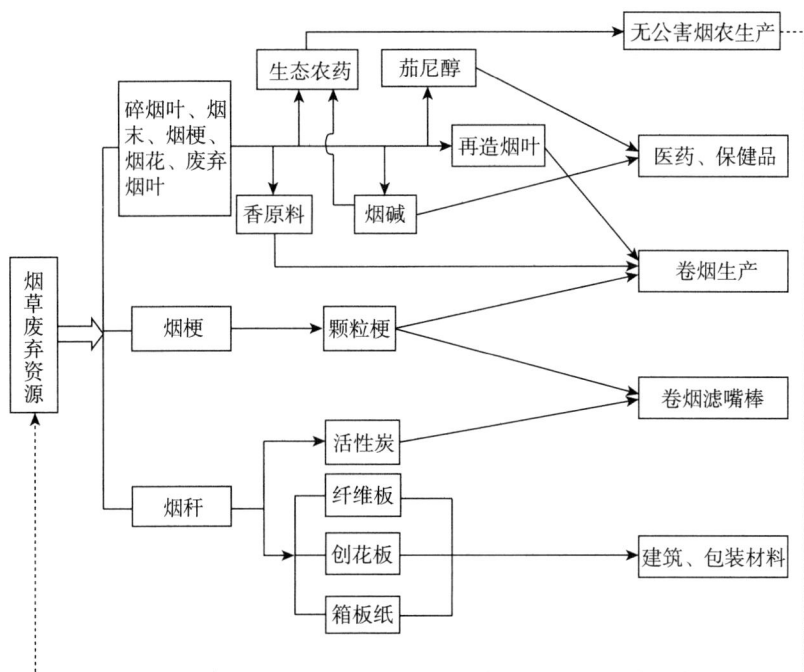

图 16.1　烟草废弃资源进一步利用的产业链流程

1. 植物源农药

烟草是烟碱最主要的植物来源，在干烟叶中烟碱含量达 $2\%\sim4\%$。烟碱制成的农药有广谱、选择性强、高效、低毒、无残留的特点。其对蚜虫防治效果甚佳，同时对其他多种同翅目、鞘翅目、双翅目和鳞翅目害虫也有一定的防治效果。烟碱制品对害虫中的蚜虫防治效果最明显，完全可以替代市场现有化学农药。其对鳞翅目害虫菜青虫和潜叶蛾也有一定的防治效果。烟碱制品对果树害虫中的柑橘全爪螨尸、蓟马和螨类也有一定的防治作用。

2. 再造烟叶

造纸法再造烟叶的制造是目前烟草行业中的重要技术，也是实现烟草废弃资源综合利用的重要途径。造纸法再造烟叶的生产根据原料浸泡提取阶段是否需经固液分离后上浆成型而主要分为一步造纸法和两步造纸法两种工艺。国际上普遍采用的是两步造纸法，两步造纸法又称传统造纸法，其特点是先将烟草原料中的致香成分进行提取分离，经过浓缩后形成液相萃取物，再利用分离后剩余的固形物以制浆造纸的方法形成基片，并将提取分离的液相萃取物浸涂于基片中形成具有烟草风格和品质的天然人工烟片，并将其回用于卷烟形成烟草原料的替代物，可起到降焦减害的作用。根据生产工艺过程，两步造纸法可以划分为原料预处理段、提取浓缩段、浆料制备段、抄造成型段、成品后处理段。

再造烟叶是烟草废弃资源综合利用效率较高的一种的利用方式，同时再造烟叶生产过程中所形成的二次废弃资源还可进行生物发酵，形成有机农肥，用于烟叶及经济作物的生产，实现资源的完全利用。

3. 天然香料

烟草原料中含有大量的致香成分，利用烟草废弃资源中的致香成分，采用科学的提取分离手段能获得较高品质的烟草浸膏、净油、精油等香料物质。利用烟草废弃资源(如烟叶碎片、烟末等)开发烟用香精香料产品的技术如图 16-2 所示。

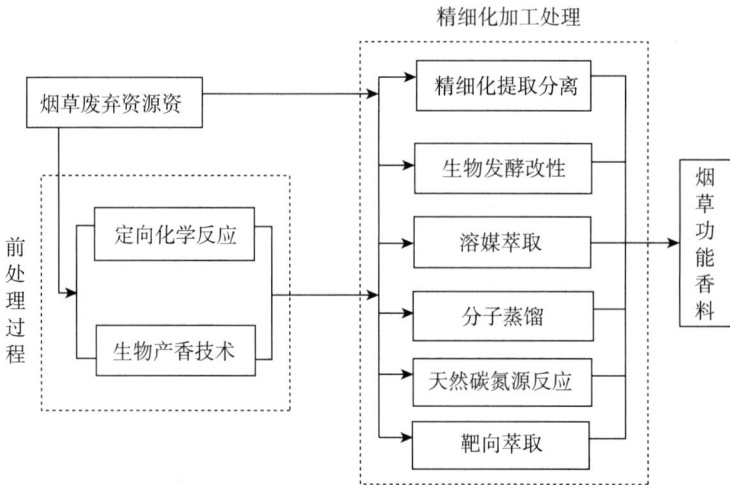

图 16.2 利用烟草废弃资源开发烟用香精香料的技术方法

国内外每年利用烟草原料所开发生产的烟草香料约 2 万吨，在卷烟香精、日化香精等方面发挥了重要的作用。

4. 滤材

滤材旨在为卷烟生产提供一种新型原料，提高烟梗的利用率，原材料完全源于天然烟草，绿色无污染。其颗粒状的外观形态突破了传统原料丝状、片状的范畴，是烟梗加工工艺的一次大胆创新；独具的三维立体结构可以对卷烟燃烧环境进行有效调节，从而达到改善卷烟吸味、减害降焦的目的；多孔、多空腔的微观结构，使颗粒产品拥有良好的载体潜质，为卷烟的加料加香提供一种新的模式；以二元复合的方式进入滤嘴，充分发挥多孔特性，有效过滤主流烟气的特定有害成分。

5. 包装材料

包装材料原材料完全源于天然烟草，绿色无污染。采用创新的技术和方法，利用烟秆纤维制浆，获得更新的纤维材料，将其用于包装材料的原料，不仅能赋予卷烟独特的品相，而且能有效防伪。

6. 环保、建筑材料

环保、建筑材料利用烟秆炭化后形成的高比表面积和良好的吸附、过滤性能的材料，在空气净化、污水处理方面可进行过滤、吸附等方面的应用。同时，这种材料还可以作为建材的一种，充分利用其天然、环保、无污染的效果，用做复合材料的内衬，提高材料的安全性，并能有效节约森林资源。

烟草的综合利用及烟草废弃资源的综合利用都是烟草行业 21 世纪的重要研究方向，也是烟草农业与卷烟工业可持续发展的必然要求。从烟草中提取烟碱、茄尼醇、泛酮等用做制药原料；从烟草中提取高纯度烟草蛋白质、烟草糖，也可能成为解决人类 21 世纪粮食问题的一种途径。随着基因工程的进步以及"烟医合作"的深入，利用转基因烟草生产治疗癌症的生物药物和防治其他疾病的疫苗已成为高科技发展的前沿课题。因此，烟草及其废弃物资源的合理开发、综合利用，使烟草不仅作为卷烟工业原料，而且主要成为化工、食品以及医药的重要原料，这样整个烟草的生产将会产生巨大的经济效益和良好的社会效益与生态效益。相信随着人类对烟草吸用、饲用、药用以及食用等多种用途的综合开发利用，烟草作物必将为人类做出巨大的贡献，烟草的未来也将呈现出无穷的生机。

16.3　科技园区制度发展措施

16.3.1　打造"清江源"品牌，进行公司化改造

继续走规模化经营管理道路，不断提高"清江源"科技园区的品牌经济效益。首先，"清江源"科技园区的烟草基地要加快发展，进行科技创新和产品创新，突出园区有机烟草的特色，创建"清江源"品牌的生态香烟产品。其次，综合运用多种经营理念与方式，形成一条有机产品生产链。同时加强宣传力度，利用广告效应提高自身知名度。最后，参考现代公司股份制，对"清江源"科技园区进行内部结构重组，以吸引其他社会资本，为园区今后的多样化发展奠定雄厚的资金基础。

重新编制"清江源"科技园区"资产负债表"和"现金流量表"，理清公司、乡村、农民各自的投入及收益状况，改变"所有投资者都能免费享用公共产品"的落

后思想，做到每个人按其投资比例，享受园区发展的收益。

整合现有资源，构建集"生态旅游、特色购物、农家餐饮、民俗观光"为一体的产业体系，打造自主特色旅游品牌，提升园区知名度，为园区进一步开拓市场和不断发展打下坚实基础。

16.3.2 完善"清江源"合作社内部制度的建议

在综合协调各方的利益基础上，优化"公司＋专业合作社＋农户"体制，建立健全合作章程，规范和细化合作中的权利，严格实施这些章程规则，体现"利益共享与风险共担"的原则，调动各方积极性，达到最优效果。

1. 完善产权制度

"清江源"农民专业合作社普遍存在着社员股金制度不健全、利益联结机制薄弱、产权制度模糊、缺乏财产积累机制和共担风险的机制等缺点。目前，产权制度、农民专业合作社以家庭承包责任制为前提，各成员的生产资料及财产归属权不变。合作社只能在要求的范围内进行合作，没有调节其不平衡的权利。因此，明晰产权、保障成员的权利、调动成员的积极性、整合合作社显得尤为重要。

为了实现产权明晰的目标，可采取以下举措：一是对现有合作社进行产权制度改造，将合作社资产具体量化到每个社员；二是建立利润分配机制，搞好农民专业合作社的产权登记，登记时要做到明确细致；三是保证成员真正享有决策权、剩余索取权和对资产净值的处置权。

2. 民主管理

改进和完善制度、贯彻实施宪法是合作社的保障。合作社的主要制度有：①选举制度。参加合作社的成员按照章程规定享有选举权和被选举权。理事长、理事、执行监事或监事会成员由成员大会从本社成员中选举产生。在选举方式上，每个合作成员不论其拥有股权多少，在参与经营决策和选举、被选举时，每人都拥有平等的"一人一票"，也可按实际情况，实行与股金份额相挂钩的办法。②会议制度。根据会议重要程度，确定举行会议的形式（定期召开或临时召开）、参会人员范围，有意识地提高参与人员的主体意识和管理水平，③财务制度。定时公布"财务报表"的详细内容，实行透明化、公开化的管理。④目标责任制。农民专业合作经济组织内部应对成员实行业绩与报酬挂钩的制度，使成员对其责任目标和岗位目标更加明确，实行奖励制度，以调动劳动力的积极性。

农民专业合作社建设要充分发挥监事会和合作社成员的作用，对合作社的管理、运行和理事会的工作进行全面监督，对各项决策、各项制度的落实进行监督；政府职能部门要帮助农民专业合作社规范财务等各方面的工作，也要采用法律的手段，对其进行严格执法，及时发现潜在问题，及时进行纠正，使农民专业合作社能够健康发展。

3. 合理分配利益

农民专业合作社谋求的是全体成员的共同利益，应使参与人员公平、公正地获得现实利益。因此，各类农民专业合作社必须结合实际情况，建立合理的利益分配机制。其中，利润可按劳动量的多少进行分配，也可按劳动量与股份分配相结合的方式进行分配，按股分红的比例应由社员大会决定。但是，一般情况下，应以按劳动量进行分配的方式为主。

参考文献

陈志兴，楼洪兴 . 2005. 中国发展现代农业的对策选择[J]. 中国农学通报，(9)：452-455.

冯元琦 . 2005. 富硒肥料、富硒食品和富硒食疗[J]. 化肥设计，43(1)：61-62.

郭春景，马志军，杨旭升 . 2005. 富硒腐植酸生物液体肥对水稻、大豆应用效果的研究[R]. 第五届全国绿色环保肥料新技术、新产品交流会 .

郭红祥，刘卫群，姜占省 . 2002. 施用饼肥对烤烟根系土壤微生物的影响[J]. 河南农业大学学报，36(4)：344-347.

金茹 . 2008. 农民站在新农村建设的前台[J]. 今日浙江，(3)：44-45.

梁玉勇 . 2005. 白芷秸秆生料栽培平菇初探[J]. 食用菌，(5)：23-24.

梁枝荣，张清文，周志强，等 . 2000. 应用玉米秸秆栽培双孢蘑菇新技术[J]. 微生物学通报，27(6)：433-445.

刘军，刘春生，史庆华，等 . 2011. 新型富硒肥料对韭菜生长及品质的影响[J]. 中国农学通报，27(16)：164-167.

龙良碧 . 2008. 重庆市休闲农业发展模式研究[J]. 重庆教育学院学报，(6)：88-92.

马鸿佳 . 2005. 运用工业化思维谋划吉林省农业发展的对策研究[D]. 吉林大学硕士学位论文 .

农业部农村经济研究中心 . 2006. 中国农村研究报告 2005[M]. 北京：中国财政经济出版社 .

石元春 . 2002. 现代农业 [J]. 世界科技研究与发展，(4)：13-16.

同海梅，侯军岐 . 2006. 以农业技术进步为主线的农业科技园区的制度创新[J]. 特区经济，(8)：341-343.

王娇阳，张加正，江景勇，等 . 2009. 台州新世纪高科技农业园规划探讨[J]. 南方农业(园林花卉版)，(6)：64-65.

王立安 . 2007. 草菇培养物中粗三萜和黄酮含量及抗氧化抗肿瘤活性研究[R]. 第八届海峡两岸菌物学学术研讨会 .

王树进 . 2003. 我国农业科技园区需要研究解决的几个问题[J]. 农业技术经济，(1)：46-49.

王鑫 . 2006. 现代农业发展模式[J]. 合作经济与科技，(07X)：1.

韦凤琴，张红丽 . 2010. 新疆生产建设兵团现代农业评价指标体系的构建及测评[J]. 生态经济(学术版)，(1)：142-144.

魏德功 . 2005. 现代农业的基本内涵与现代农业科技园区建设[J]. 经济研究，(10)：12-16.

温思美 . 1996. 运用高新技术推动我国农业发展[J]. 农业技术经济，(6)：1-4.

温思美，张乐柱 . 2009. 建国 60 年农村经济发展轨迹及其愿景[J]. 改革，(8)：5-21.

吴沛良 . 2001. 农业科技园区发展探讨[J]. 现代经济探讨，(10)：26-29.

徐更生 . 1993. 持续农业及其对我国的挑战[J]. 世界经济，(6)：35-41.

闫永亮 . 2007. 生姜秸秆栽培平菇试验初报[J]. 食用菌，(4)：32-33.

杨万江，徐星明 . 2000. 我国农业现代化进程评价[J]. 农业现代化研究，(5)：21-27.

姚升好 . 2007. 利用油菜秸秆栽培白金针菇关键技术的研究[J]. 安徽农业科学，(27)：67-69.

于平福，梁贤，范小俊 . 2003. 现代农业园区系统结构与特点分析[J]. 广西农业生物科学，

（3）：66-71.

张宝文．2007-03-07.六大产业体系提升现代农业［N］.中国证券报．

张广铎．2008.玉米秸秆木屑混合生料地栽香菇技术研究［J］.安徽农业科学，（6）：148-149.

张红宇．2006-04-17.农业多功能拓展的政策含义［N］.中国经济时报．

张军．2007.浙江现代农业建设的经验与启示［J］.今日浙江，（5）：27-28.

张志明，李建华．2004.有机无机复混硒肥的研制与实用效果［R］.第四届全国绿色环保肥料新技术、新产品交流会．

赵俊霞，袁广峰，张树斌，等．2007.草菇培养物中粗三萜和黄酮含量及抗氧化抗肿瘤活性研究［J］.菌物学报，（3）：426-432.

赵丽霞，梁仁俊，陈巧云．2007.长秸秆立体栽培食用菌高产新技术［J］.江西食品工业，（4）：34-36.

周洁红，黄祖辉．2003.食品安全特性与政府支持体系［J］.中国食物与营养，（9）：13-15.

周小琴，查金祥．2005.农业科技园区：功能定位、建园模式与运行机制［J］.江苏工业学院学报，（3）：40-43.

朱建华，西爱琴，万全亭，等．2003.山东省农业科技园区发展现状、问题及对策［J］.山东农业科学，（4）：49-51.

后　记

风雨历程，春华秋实。经过七年的建设与发展，"清江源"科技园区发生了翻天覆地的变化，焕发出勃勃生机。

七年前，"清江源"科技园区社会、经济、文化等较为落后。其生产条件较差，坡地、岩石地较多，集中连片区域较少；极度缺水，村民只能望天吃水；交通闭塞，物资进出主要依靠人背马驮；种植结构单一，人均年收入不足1900元，低于恩施州平均水平；住房以多年失修的木板房、土坯房为主，生活极为贫困。

如今，"清江源"科技园区基础设施条件得到全面改善，基本实现地连片、机能耕；旱能灌、涝能排；路相连、渠相通，通信网络全覆盖；以烟为主的多种产业蓬勃发展，园区实现经济总产值过亿元；村民经济收入水平大幅提高，人均年收入超过5000元；村舍新居依山而建，田园风光徐徐展现。社会公共事业全面发展，村民素质全面提升。园区生态依旧，土壤健康，水源清洁，山、林、水、路、烟和谐共存、相映成辉。

七年探索，七年实践，"清江源"科技园区在科技创新、区域产业发展带动、农民增收致富、基础设施建设以及生态环境保护等方面均取得显著成效。在发展中保护，在保护中发展，坚持走循环农业之路是科技园区取得如此成效的根本保证，不断创新与实践循环农业的模式成为科技园区发展的重要抓手。烟草秸秆生物有机肥研制与应用、土地整治及地力修复工程、精准施肥技术以及烘烤新能源利用等共同构建了"低碳烟草、循环经济、清洁农业"的烟叶产业发展新模式。其借鉴意义远非烟草行业本身，对其他农业领域保护生态、改善发展质态、促进可持续发展都具有有益的借鉴和启示。

"一花独放不是春"，"清江源"科技园区循环农业不仅仅是一个样板，其成果不断转化，辐射推广恩施州面上烟叶生产。截至目前，绿肥改良累计推广面积达40万亩，烟草秸秆生物有机肥累计推广面积达30万亩，土地整治面积达9.8万亩，精准施肥技术累计推广面积达4万亩，以生物质为主的清洁能源累计推广面积达3万亩，大棚综合利用生产食用菌面积达4000亩。园区示范引领作用得以充分发挥，科技成果孵化与转化效应得以充分体现。

"清江源"科技园区建设与循环农业实践得到国家烟草专卖局、湖北省烟草专卖局(公司)、恩施州政府、恩施市政府、中国农业科学院、中南民族大学、华中农业大学、湖北省农业科学院、湖北省社会科学院等单位与部门的亲切关心与大力支持，相关领导、专家学者多次深入科技园区进行调研与指导，为科技园区发展出谋划策，并提供相应政策支撑与资金支持。作为循环农业的实践者，小渡船办事处、白果坝乡政府等相关领导对于园区的发展和建设都给予了很大的支持、帮助和关心，恩施州烟草专卖局(公司)的相关领导、相关科室同志和恩施州烟草专卖局(公司)技术中心王瑞、香城现代烟草农业开发有限公司朱清社、鄂西卷烟材料厂廖泽敏、恩施州烟草专卖局(公司)培训中心陈章明均为园区可持续发展倾注了大量的心血并付出了艰辛的劳动。本书编著工作量较大，另有 5 人直接参与了编写工作，分别是湖北省烟草科学研究院王昌军高级农艺师、恩施州烟草公司呙亚屏副经理、恩施州烟草公司王瑞高级农艺师、中南民族大学张跃平教授、中国农业科学院蒋和平研究员，他们各自负责了相关章节撰写。恩施州烟草公司霍光、施河丽等同志进行了相关资料的搜集与整理工作。中南民族大学与科学出版社对本书的编写与出版给予了大力支持。在此，一并向他们致以衷心的感谢。

随着社会的发展，循环农业也处于不断创新过程中，"清江源"科技园区在下一步的巩固、完善和提升中还有大量的工作要做。希望广大农业科技工作者、循环经济研究人员、政策制定者及管理者等共同努力，改革创新，不断探索与实践循环农业模式，为构建循环型社会而做出应有贡献。

作者

2014 年 12 月

望城云海（刘全生 摄）

望城新貌（史江洪 摄）

望城彩泉（史江洪 摄）

观海捉云（史江洪 摄）

烟草秸秆生物有机肥（王瑞 摄）

风光互补新能源烤房（谭军 摄）

土地整治（王瑞 摄）

绿肥改良（霍光 摄）

观光农业（秦国辉 摄）

特色养殖（朱清社 摄）

试验研究（霍光 摄）

田间试验（谭军 摄）

园区建设前后交通条件对比(上:建设后;下:建设前)(朱清社 摄)

园区建设前后生产条件变迁（上：建设后；下：建设前）（朱清社 摄）

园区建设前后居住条件变迁（上：建设后；下：建设前）（朱清社 摄）

园区建设前后饮水条件对比(上：建设后；下：建设前)(秦国辉 摄)